Christian M. Blechinger

Selbstsorge, Selbstkompetenz, Sozialkompetenz

Praxisorientierte Psychologie für Beruf und Alltag

Bibliografische Information der Deutschen Nationalbibliothek: Die Deutsche Nationalbibliothek verzeichnet diese Publikation in der Deutschen Nationalbibliografie; detaillierte bibliografische Daten sind im Internet über dnb.dnb.de abrufbar.

Die automatisierte Analyse des Werkes, um daraus Informationen insbesondere über Muster, Trends und Korrelationen gemäß $44b UrhG (»Text und Data Mining«) zu gewinnen, ist untersagt.

© 2024 Christian M. Blechinger

Verlag: ESILE books, Josef-Kratzer-Str. 8, 84106 Volkenschwand

Satz: BoD – Books on Demand, Norderstedt
Einbandabbildung: Jeremy Bishop, Pexels

Druck: Libri Plureos GmbH, Friedensallee 273, 22763 Hamburg

ISBN: 978-3-947369-00-3

Inhalt

Vorwort ... 9

1 **Psychoanalyse** ... 11
  1.1 Einführung ... 11
  1.2 Zentrale Begriffe der Psychoanalyse ... 13
    1.2.1 Drei-Instanzen-Modell ... 13
    1.2.2 Angst ... 14
    1.2.3 Verdrängung ... 17
    1.2.4 Abwehrmechanismen ... 18
  1.3 Innerer Trend ... 22
  1.4 Ziel der Psychoanalyse ... 23
  1.5 Lebenspraktische Folgerungen ... 23

2 **Individualpsychologie** ... 31
  2.1 Einführung ... 31
  2.2 Zentrale Begriffe der Individualpsychologie ... 33
    2.2.1 Gemeinschaftsgefühl ... 33
    2.2.2 Minderwertigkeitsgefühl und Minderwertigkeitskomplex ... 34
    2.2.3 Lebensplan und Dressate ... 36
    2.2.4 Kompensation ... 40
  2.3 Wertschätzung und Anerkennung ... 43
    2.3.1 Imagefaktoren ... 43
    2.3.2 Zeichen der Wertschätzung und Anerkennung ... 44

2.4 Philosophie der zwischenmenschlichen Gleichwertigkeit............ 45
2.5 Lebenspraktische Folgerungen 50

3. Transaktionsanalyse 53
3.1 Einführung 53
3.2 Zentrale Begriffe der Transaktionsanalyse: Struktur- und Funktionsmodell 54
   3.2.1 Das Eltern-Ich im Funktionsmodell 54
   3.2.2 Das Kind-Ich im Funktionsmodell 58
   3.2.3 Das Erwachsenen-Ich im Funktionsmodell 61
3.3 Analyse von Transaktionen 62
   3.3.1 Komplementäre Transaktionen 63
   3.3.2 Gekreuzte Transaktionen 65
   3.3.3 Verdeckte Transaktionen 67
   3.4.1 Stopper – Bannbotschaften 70
   3.4.2 Antreiber – Kurskorrektoren 75
3.5 Das Kernziel der Transaktionsanalyse 76
3.6 Lebenspraktische Folgerungen 78

4. Verhaltenstherapie 87
4.1 Einführung 87
4.2 Zentrale Begriffe der Verhaltenstherapie: Reiz-Reaktions-Lernen 89
   4.2.1 Klassisches Konditionieren 89
   4.2.2 Operantes Konditionieren 91
4.3 Kognitive Verhaltenstherapie 94
   4.3.1 Gedankenfehler – Dysfunktionales Denken 95
   4.3.2 Irrationale Selbstanweisungen 97
4.4 Rational-Emotive Verhaltenstherapie 101
4.5 Lebenspraktische Folgerungen 102

5. Humanistische Psychologie 107
5.1 Einführung 107
5.2 Gestalttherapie 108
5.2.1 Einführung 108
5.2.2 Zentrale Begriffe der Gestalttherapie 109
5.2.3 Lebenspraktische Folgerungen 111
5.3 Humanistische Psychologie des Seins 116
5.3.1 Einführung 116
5.3.2 Hierarchie der menschlichen Bedürfnisse 117
5.3.3 Interpersonale Beziehungen 120
5.3.4 Lebenspraktische Folgerungen 121

Weiterführende Literatur 127

Stichwortverzeichnis 128

Anmerkungen 132

Vorwort

Selbstkompetenz, Selbstsorge und Sozialkompetenz bilden das Fundament für ein erfülltes Leben im Einklang mit sich selbst und in der Gemeinschaft mit anderen. Doch wo erwerben wir dieses essenzielle Wissen?

Die Psychologie, als empirische Wissenschaft des menschlichen Erlebens und Verhaltens, bietet einen reichen Schatz an Erkenntnissen, der jedoch meist auf die therapeutische Praxis ausgerichtet ist. Das bedeutet: Die Anwendung dieser Erkenntnisse im Alltag ist nicht immer offensichtlich und bedarf einer gezielten Aufbereitung.

Hier setzt das vorliegende Buch an. Es zielt darauf ab, die vielschichtigen Theorien psychologischer Schulen zu entschlüsseln und sie für den alltäglichen Gebrauch nutzbar zu machen. In diesem Sinne zeigt es Ihnen, wie Sie psychologisches Wissen praktisch anwenden können – sei es im Beruf oder im Privatleben – um Ihr Verhalten und das Ihrer Mitmenschen besser zu verstehen und gegebenenfalls positive Veränderungen herbeizuführen.

Im Verständnis von persönlichem Wachstum, Zufriedenheit und seelischer Gesundheit als ein universelles menschliches Bestreben, widmet sich dieses Buch der Bedeutung sozialer Interaktionen und der Kunstfertigkeit, Beziehungen zu knüpfen, zu pflegen und zu vertiefen oder neu zu beleben. Es beleuchtet die Tragweite unserer Entscheidungen und die damit verbundene Verantwortung für unser eigenes Leben. Es setzt sich mit Kommunikationsmustern auseinander und zeigt auf, dass Konflikte nicht nur unvermeidlich sind, sondern auch Chancen zur Weiterentwicklung bieten können. Darüber hinaus hinterfragt es die Macht unserer Überzeugungen – wie sie unsere Realität formen können und manchmal sogar Hindernisse erschaffen, wo keine sind.

Die fünf ausgewählten psychologischen Richtungen ergänzen sich und bieten ein umfassendes Bild des menschlichen Wesens und seiner

Bedürfnisstruktur. Den Schlussfolgerungen daraus ist gemeinsam, dass sie aus der Entwicklungsgeschichte des Menschen und seiner Bedürfnisstruktur logisch ableitbar und damit unmittelbar nachvollziehbar sind.

Mein besonderer Dank gilt Prof. Dipl.-Psych. Dieter Engelhardt. Seine inspirierenden Vorlesungen haben meine Leidenschaft für dieses Thema entfacht. Sein umfassendes Wissen und Engagement haben maßgeblich zur Entstehung dieses Werkes beigetragen.

Christian M. Blechinger

1 Psychoanalyse

Bewusstes Annehmen von Problemen und Konflikten

1.1 Einführung

Sigmund Freud arbeitete um 1886 als Nervenarzt in Wien und suchte nach wirksamen Behandlungsmethoden des damals weit verbreiteten Krankheitsbildes der Hysterie.

Ein Besuch bei dem seinerzeit weltberühmten Neuropathologen Charcot in Paris brachte Freud zunächst der Hypnose als legitimer Behandlungsmethode näher, woraufhin er 1889 nach Nancy reiste um bei Liébault und Bernheim seine Hypnosetechnik zu verbessern. Bald jedoch gab Freud wegen des starken Eingriffes in die Persönlichkeit des Patienten und seiner daraus resultierenden Abhängigkeit vom Therapeuten die hypnotische Behandlungsmethode auf und erkannte in Verbindung mit der Behandlung einer hysterischen Patientin durch Josef Breuer die Wirksamkeit der kathartischen Methode«.[1] Während einer geistig klaren Phase erzählte eine Patientin dem behandelnden Arzt Breuer bei einer Visite alles Störende, das ihr im Laufe des Tages zugestoßen war, bis hin zu schreckenerregenden Halluzinationen. An einem der folgenden Tage schilderte die Patientin das erste Auftreten eines ihrer zahlreichen Symptome in allen Einzelheiten, begleitet von zeitlich kurzen, aber intensiven Gefühlsregungen (Affekte). Die Folge war zum Erstaunen Breuers das Verschwinden des Symptoms. Dieser Vorgang wiederholte sich nun in der Behandlung durch den außergewöhnlich empathischen und geduldigen Arzt Breuer so oft, bis sämtliche Symptome der Patientin verschwunden waren.

Entsprechend war die wichtigste Erkenntnis aus der kathartischen Methode der Zusammenhang von neurotischen Symptomen, z.B. Hysterie, und früheren Erlebnissen einschließlich der sie begleitenden Affekte, denen zum Zeitpunkt ihres Auftretens kein Ausdruck verliehen werden konnte. Diese unterdrückten Impulse oder Gefühle entwickelten ein von der ursprünglichen Situation und der bewussten Wahrnehmung abgetrenntes Eigenleben.[2]

Im weiteren Verlauf trug der Austausch zwischen Freud und dem Arzt Wilhelm Fließ entscheidend zur Entwicklung der Psychoanalyse bei.

Die Psychoanalyse mit ihrem Fokus auf unbewusste Vorgänge in der menschlichen Psyche hat bei aller Eigenständigkeit ihrer Entwicklung durch Sigmund Freud ihre Wurzeln in zahlreichen philosophischen Vorläufern.[3] Bereits bei Gottfried Wilhelm Leibniz (1646 – 1716) findet sich eine rein auf psychologische Argumente gegründete Theorie des Unbewussten, ähnlich bei Arthur Schopenhauer (1788 – 1860), Eduard von Hartmann (1842 – 1906), Friedrich Nietzsche (1844 – 1900), Carl Gustav Carus (1789 – 1869) oder Friedrich Wilhelm Joseph Schelling (1775 – 1854).

Die Psychoanalyse stellte zwar einerseits eine Kränkung des menschlichen Narzissmus dar, indem sie – nach Kopernikus, der die Welt zum Staubkorn in einem unendlichen Kosmos erklärte und nach Darwin, der die animalische Herkunft des Menschen betonte –, »dem Ich nachweisen will, dass es nicht einmal Herr im eigenen Hause (ist), sondern auf kärgliche Nachrichten angewiesen bleibt, von dem, was unbewusst in seinem Leben vorgeht«.[4] Andererseits stand dieser Kränkung eine ungleich höhere Entlastung des menschlichen Gewissens gegenüber, indem sie kirchliche Schuldzuweisungen (»gesündigt in Gedanken, Worten und Werken«) relativierte wie auch moralisch verwerfliches Verhalten rechtfertigte bzw. entschuldigte.

1.2 Zentrale Begriffe der Psychoanalyse

1.2.1 Drei-Instanzen-Modell

Die Psychoanalyse teilt die menschliche Psyche in drei miteinander gekoppelte Funktionsbereiche oder Instanzen ein.

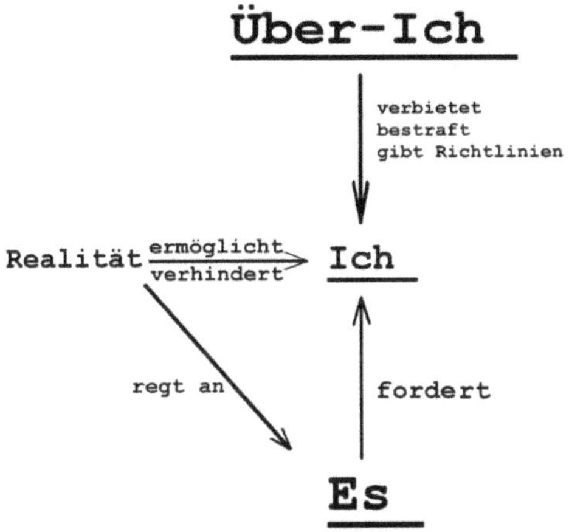

```
                    Über-Ich
                       |
              verbietet
              bestraft
              gibt Richtlinien
                       ↓
Realität  ermöglicht/verhindert →  Ich
                                    ↑
         regt an ↘          fordert |
                       Es
```

Abb. 1: Das Drei-Instanzen-Modell. Quelle: Engelhardt, D.; modifiziert nach Blechinger, C. M.

Das Wesen des »Es« ist vergleichbar mit einem egoistischen kleinen Kind. Es fordert die Erfüllung seiner Bedürfnisse, drängt nach lustvollem Erleben und der unbedingten Vermeidung von Unlust, ohne sich dabei um Handlungsfolgen oder reelle Umsetzbarkeit zu kümmern. Dafür ist das »Ich« zuständig, zu dessen Aufgaben es gehört, die Impulse aus dem »Es« an die Realität und das persönliche Moral- und Wertesystem anzupassen. Ist jemand beispielsweise hungrig und kommt an einem Obststand mit einladenden Äpfeln vorbei, sagt das »Es«: Apfel nehmen und reinbeißen. Das »Über-Ich« meint: »Du musst den Apfel erst bezahlen, damit er Dir gehört.« Und das »Ich« prüft die Möglichkeit der Umsetzung – habe ich genug Geld, kann ich mir überhaupt einen Apfel kaufen? – und handelt entsprechend. Alternativ könnte das »Über-Ich« auch die Meinung vertreten, es sei unmoralisch, Geld für einen Apfel zu bezahlen. Dann wäre das »Ich« angehalten, die Chancen für einen gelungenen Apfeldiebstahl abzuwägen (Fluchtmöglichkeit, eingreifende Passanten) und angemessen vorzugehen.

Das »Es« ist das Hauptreservoir psychischer Energie[5] und wird nach der Psychoanalyse aufgeteilt in die Komponenten »aggressiv« und »sexuell«.

Der sexuelle Trieb ordnet das individuelle Leben der Erhaltung der eigenen Art unter, während der aggressive Trieb das Gemeinsame zugunsten der Erhaltung des Individuums vernachlässigt. Unsere Gefühle entstehen aus Vermischungen und Ableitungen dieser sich gegenseitig bedingenden Triebe, wobei der aggressive Anteil im Falle fehlender Gefahr und Bedrohtheit einer neutralen Handlungsenergie entspricht im Sinne von lat. »aggredi«, an etwas (heftig) heran-gehen, etwas an-packen.

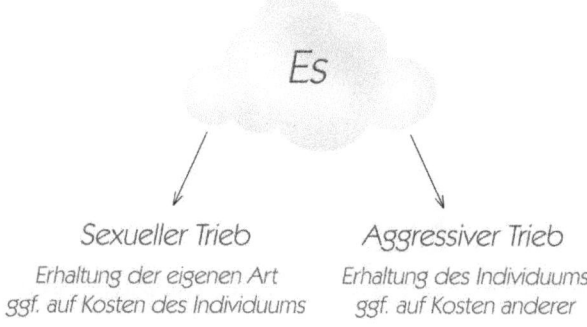

Abb. 2: Das »Es« und seine Triebe

Jede willentliche Veränderung der Umwelt erfordert aggressive Energie. Inwieweit eine Handlung dabei als destruktiv oder konstruktiv zu verstehen ist, hängt vom Standpunkt ab: Um z.B. ein Haus bauen zu können, muss eine Wiese oder ein anderes Gebäude aufgegeben werden. Um mit einem neuen Medikament vielen Menschen helfen zu können müssen zuvor oft zahlreiche Versuchstiere sterben.

1.2.2 Angst

Automatische Angst
Das »Ich« befindet sich in einem permanenten Spannungszustand zwischen den Wünschen des »Es« und den Kommentaren des »Über-Ich«. Darüber hinaus hat es die sich aus der Realität ergebenden Handlungsmöglichkeiten mit den Sollvorstellungen aus dem »Über-Ich« abzugleichen und für

die angemessene Verarbeitung der Sinnesreize aus der Umgebung zu sorgen. Das »Ich« wird also bedrängt von Reizen und Impulsen aus dem Triebbereich, aus der Realität und der Gewissensinstanz.

In außergewöhnlichen Situationen, etwa bei einem Verkehrsunfall oder beim Tod eines nahestehenden Menschen, kann es zu einer Überschwemmung des »Ichs« durch dramatische Eindrücke aus der Realität, durch Gefühlsaffekte und moralische Entrüstungsstürme aus dem »Über-Ich« kommen. Der dann oft einsetzende Verlust der Ich-Kontrolle wird als hilfloser, quälender Zustand der Orientierungslosigkeit erlebt. Der Mensch ist zu abwegigsten Affekthandlungen in der Lage und würde damit eine existentielle Bedrohung für sich selbst und seine Umgebung darstellen, gäbe es nicht einen wirkungsvollen Schutzmechanismus der menschlichen Psyche: Das Gefühl überwältigender Angst, welches jeglichen Handlungsimpuls neutralisiert und den Menschen lähmt. Dieser Mechanismus der automatischen Angst setzt dann ein, wenn der Mensch mit dem traumatisierenden Ereignis noch keine Erfahrung hat und es nicht in sein Weltbild einordnen kann. Besonders betroffen sind davon Säuglinge, da ihr »Ich« zu diesem Zeitpunkt nur sehr schwach ausgebildet ist und für die meisten Vorgänge noch keine Erklärungsmuster existieren. Deshalb kann er sich bei Hunger und gleichzeitiger Abwesenheit der Mutter auch nicht wie ein erwachsener Mensch sagen: »Sie wird bald wieder zurückkommen, dann bekomme ich etwas zu essen«, sondern er schreit aus aller Kraft und zeigt in seinem Gesicht blankes Entsetzen. Das vitale Gefühl des Hungers aus dem »Es« hat das »Ich« restlos überschwemmt; entstanden ist automatische Angst.

Mit zunehmendem Alter entwickelt das »Ich« die Fähigkeit, aufgrund von Signalen ähnlich denen, die der Mensch von bereits durchlebten angstauslösenden Situationen kennt, eine abgeschwächte Form von Angst zu entwickeln.[6] Diese so genannte Signalangst hat den Zweck, das erneute Erleben einer traumatischen Situation zu verhindern. So sinnvoll dieser Mechanismus erscheinen mag: Für den Erwachsenen sind die vorwiegend in der Kindheit erlernten Signalängste größtenteils obsolet und hinderlich.

Grundlose Angstzustände, Spannungen, Beklemmungsgefühle lassen sich nach der Psychoanalyse auf diese Weise erklären, aber auch alltägliche

Hemmungen im Umgang mit Menschen. Um diese *er*lernten Ängste wieder zu *ver*lernen, muss der Mensch sich seinen Ängsten stellen, indem er sich in die jeweilig angstauslösende Situation begibt und dabei feststellt, dass ihm keine wirkliche Gefahr droht. Das Motiv des Von-einem-Bann-erlöst-Werdens mittels des Sprunges »über den eigenen Schatten«, durch Überwindung der eigenen Ängste, findet sich in zahlreichen Mythen, Sagen und Märchen der Vergangenheit.[7]

Es gibt aber auch eine positive Wirkung der Signalangst beim Erwachsenen: Durch die hohe, reflexartige Wirkgeschwindigkeit des Gegenimpulses schützt sie vor ungünstigen Affekthandlungen. Das Ausleben derartiger Impulse würde uns im ersten Moment zwar ein enormes Gefühl der Lust verschaffen, doch nach Abklingen des Lustgefühls würde das »Ich« die Folgen der Tat zu begreifen beginnen. So weit kommt es indessen nicht, weil der aggressive Triebimpuls sofort einen Gegenimpuls durch die Signalangst erfährt. Lust trifft auf Unlust, das Ergebnis ist eine Neutralisierung der Energie, sie verpufft. Situationen dieser Art stellen eine große Energiebelastung für die Psyche und den Organismus dar.

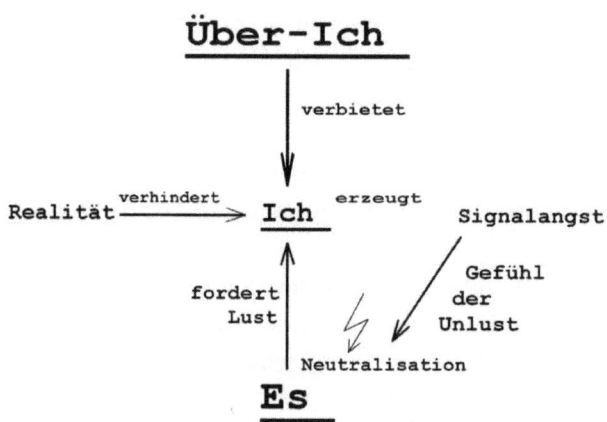

Abb. 3: Signalangst. Quelle: Engelhardt, D.; modifiziert nach Blechinger, C.M.

1.2.3 Verdrängung

Die Verdrängung ist der erste von Freud erkannte und definierte Abwehrmechanismus. Sie kann als Überbegriff sämtlicher Abwehrmechanismen verstanden werden, da sie Folge jeder erfolgreichen Abwehr ist. Verdrängt werden aus Triebimpulsen geformte Gedanken und Regungen, die

- sich mit der Realität nicht in Einklang bringen und hinsichtlich gegenwärtiger Lebensumstände nicht verwirklichen lassen,
- aufgrund der objektiv zu erwartenden oder subjektiv vermuteten Handlungsfolgen – etwa Ablehnung durch das soziale Umfeld – als übertrieben riskant eingestuft werden,
- aufgrund fehlender Fähigkeiten und Fertigkeiten des »Ichs« nicht umsetzbar sind,
- den moralisch-ethischen Vorstellungen des »Über-Ichs« widersprechen,
- aufgrund eines früheren Erlebnisses Signalangst hervorrufen.

Wünsche und Bedürfnisse werden also vor allem verdrängt, wenn sie sich scheinbar oder tatsächlich nicht verwirklichen lassen, wenn die Person nicht weiß, wie sie diese umsetzen soll, wenn die Umsetzung ihr zu riskant erscheint, wenn sie sie nicht umsetzen darf oder wenn sie mit der Umsetzung eines vergleichbaren Wunsches schon einmal sehr schlechte Erfahrungen gemacht und deshalb Angst davor hat.

Weil die verdrängten Impulse sowohl die gegenwärtige Lebenssituation als auch grundlegende Bedürfnisse des Menschen widerspiegeln, lassen sie sich nicht mit einem einzigen Kraftakt der Verdrängung oder Abwehr beseitigen. Solange Bedürfnisse nicht erkannt und Lebensumstände nicht verändert werden, ist anhaltend neue Verdrängungsenergie notwendig, um verdrängte Inhalte von der bewussten Wahrnehmung fernzuhalten. Diese dumpfe Ruhe bezahlt der Mensch damit, dass weite Triebbereiche dem bewussten Erleben verschlossen bleiben und auf diese Weise die Persönlichkeit verarmt. Energiepotential aus dem »Es«, gleichbedeutend mit Lebensenergie, Frische, Lust, Impulsivität, verpufft ebenso wie »Ich«-Potential, z.B. Konzentration, praktische Intelligenz und Wahrnehmungsfähigkeit.

Darüber hinaus entwickeln verdrängte Inhalte ein Eigenleben im Unterbewusstsein, vergleichbar einer vom diktatorischen Regime in den Untergrund gedrängten oppositionellen Partei[8]. Dieses Eigenleben stört Denken und Handeln einer Person und äußert sich in seiner leichteren Form durch Fehlleistungen, etwa Versprecher. Bei steigendem Druck aus dem Unterbewusstsein kommt es zu verzerrtem Verhalten, neurotischen Störungen, psychosomatischen Erkrankungen und schließlich psychotischen Leiden mit dem Ziel einer indirekt-symbolischen Befriedigung des verdrängten Impulses. Sehnt sich eine Person z.B. nach einer liebevollen und weniger leistungsorientierten Umgebung, kann dies aber aus unterschiedlichen Gründen nicht äußern, so bahnt sich dieser Wunsch seinen Weg möglicherweise über körperliche Erkrankungen, die den Rückzug aus dem Leistungsgeschehen ermöglichen und die Aufmerksamkeit des sozialen Umfeldes gewährleisten.

1.2.4 Abwehrmechanismen

Abwehrmechanismen werden auf Basis frühkindlicher Anlagen zur Bewältigung von Konflikten und Ängsten gelernt und eingeübt.[10] Dabei handelt es sich um Versuche des »Ichs«, verdrängtes Konfliktpotential zu verschieben und zu beseitigen, sei es durch:

- Reaktionsbildung,
- Projektion,
- Substitution/Verschiebung,
- Wendung gegen das Selbst,
- Identifikation,
- Rationalisierung,
- Regression,
- Übertragung oder
- Sublimation.

Abwehrmechanismen fungieren als psychische Schutzmechanismen, um angstbesetzte und angstauslösende Momente leichter ertragen zu können, und dienen damit der Identitätsbalance und Stabilität im Lebensgeschehen. »Erst in ihren Übersteigerungen werden sie krankhaft, engen ein, bedrohen Entwicklung, Selbstwerdung und Lebensgestaltung«.[9]

Reaktionsbildung
Reaktionsbildung meint eine Umkehrung der verdrängten Triebregungen im bewussten Erleben. Als Beispiel können hier verdrängte Aggressionen einer Mutter gegenüber ihrem behinderten Kind genannt werden, welche sich – ins Gegenteil verkehrt – als überbehütendes Verhalten darstellen oder in Lippenbekenntnissen, wie »mein Kind ist mir das Wichtigste auf der Welt; ich bin so froh, dass wir es haben …«.

Indirekt symbolisch finden die verdrängten Vernichtungsimpulse trotzdem ihren Weg, etwa in Form einer übertriebenen Einengung des Kindes bis hin zur völligen Isolation.

Projektion
Projektion meint eine Verlagerung von Persönlichkeitsanteilen in die Außenwelt, die mit dem Selbstbild des Projizierenden unvereinbar sind. Auf diese Weise führt etwa die Unfähigkeit, eigene aggressive Impulse adäquat umzusetzen, zur Unterstellung aggressiver Verhaltenstendenzen beim Gegenüber, was wiederum die Rechtfertigung für eigene Aggressionen ist (»Man muss sich doch schließlich zur Wehr setzen dürfen, das kann ich mir doch nicht gefallen lassen«). Damit befindet sich der zunächst abgelehnte aggressive Triebimpuls im Einklang mit dem »Über-Ich«.

Substitution/Verschiebung
Unter Substitution/Verschiebung wird das Ausleben nicht umsetzbarer verdrängter Regungen an Ersatzobjekten verstanden. Wird jemand zum Beispiel von seinem Vorgesetzten zu Unrecht gerügt und kann seine aggressiven Impulse wegen der zu erwartenden Handlungsfolgen in seinem Beruf nicht ausleben, nimmt er diese mit nach Hause. Dort nörgelt er wegen

Kleinigkeiten an seinem Partner herum und gibt damit den von seinem Chef erfahrenen aggressiven Impuls weiter.

Ebenso lassen sich Impulse der Liebe, Versorgung und Zuneigung, die eigentlich für Mitmenschen bestimmt sind, aufgrund von Enttäuschung, Verbitterung oder Einsamkeit substituieren, etwa an Tiere. Diese werden dann verwöhnt, vermenschlicht (»mein bester Freund«) und genießen höchste Priorität.

Wendung gegen das Selbst
Bei der Wendung gegen das Selbst richten sich lebensnotwendige aggressive Impulse der Selbstbehauptung (»wehre dich, lass dir das nicht gefallen«) aufgrund einer Art »Beißhemmung« in Folge z.b. elterlicher »Über-Ich«-Anweisungen (ein anständiger Mensch ist auf Harmonie bedacht, liebevoll, nachgiebig, demütig und streitet nie) gegen die eigene Person.

Verstärkt wird das Zurückhalten aggressiver Impulse gegen die Außenwelt durch das Gefühl, unterlegen zu sein und nichts gegen eine Umgebung ausrichten zu können, die stärker und zu Sanktionen in der Lage ist. Hinzu kommt ggf. das völlige Fehlen von Kompetenzen hinsichtlich aggressiven Verhaltens, wenn dies z.B. in der Herkunftsfamilie stets unterdrückt werden musste.

Wer bleibt also übrig, wem darf man Leid zufügen? Nur sich selbst. Nach der Psychoanalyse lassen sich auf diese Weise depressive Verstimmungen ebenso erklären wie autoaggressives Verhalten.

Identifikation
Die Identifikation ist ein ursprünglich kindlicher Mechanismus der Übernahme von Denkschemata, Richtlinien und Verhaltensweisen des überwiegend gleichgeschlechtlichen Elternteils mit dem Ziel, zu überleben. Das Kind erkennt intuitiv, dass es als Empfänger der Liebe des gegengeschlechtlichen Elternteils einen Konkurrenten für den gleichgeschlechtlichen Elternteil darstellt, und ahnt, dass sich der gleichgeschlechtliche Elternteil des störenden, deutlich unterlegenen Konkurrenten leicht entledigen könnte. Einen erheblichen Anteil dabei hat auch die Projektion des eigenen Wunsches, den gegengeschlechtlichen Elternteil für sich allein beanspruchen zu wollen.

Nach dieser Erklärung findet kindliche Sozialisation also nicht statt, weil das Kind seine Eltern sowie deren Lebensgrundsätze und Orientierungslinien nachahmenswert findet, sondern weil es sich von den Eltern bedroht fühlt. «Wenn ich so bin wie sie, bin ich ein Teil von ihnen und als solcher können sie mich nicht vernichten.«

Im alltäglichen Leben kommt dieser Mechanismus immer dann zum Tragen, wenn sich der Mensch einer Übermacht ausgesetzt fühlt, der er nichts entgegensetzen zu können glaubt, etwa bei Schicksalsschlägen (»Gott in seiner Allwissenheit ...«) oder dem Erhalt eines Strafzettels: »Ich bin auch dafür, dass Recht und Ordnung herrschen; dieses Mal hat es mich (völlig zu Recht) erwischt, aber Polizisten tun eben auch nur ihre Pflicht ...«

In Situationen großer Bedrohung, etwa einer Geiselnahme, kann die Identifikation kindliche Ausmaße erreichen und die gesamte Persönlichkeit soweit beeinflussen, dass sich der Bedrohte mit den Tätern völlig identifiziert bis hin zu Gefühlen der tiefen Loyalität und Zuneigung.

Rationalisierung

Bei der Rationalisierung werden belastende Fakten unbewusst durch oft fadenscheinige Erklärungen zu begründen und zu beschwichtigen versucht. »So kann der Sadismus eines sein Kind durch Schläge maßregelnden Vaters mit der Rationalisierung, dass er eben damit das Kind für die Härten des Lebens stark mache, abgewehrt werden«.[10]

Regression

Regression meint das Zurückfallen in Verhaltensmuster früherer, bereits durchlaufener Entwicklungsstadien aufgrund unbefriedigender oder überfordernder Situationen unter dem Druck externer und interner Konflikte. Dem entspricht ein wieder Einnässen bereits eingeschulter, überforderter Kinder ebenso wie sinnloses Toben und Schreien bei Erwachsenen oder grundloses Weinen.

Übertragung

Bei der Übertragung geht es um zwischenmenschliche Erfahrungen der Vergangenheit, die im Unterbewusstsein abgelegt wurden und nun die

Gegenwart beeinflussen. Auf diese Weise lassen sich spontane, rational nicht erklärbare Sympathie und Antipathie ebenso deuten wie faktisch unbegründete zwischenmenschliche Konflikte.

Sublimierung, Sublimation
Bei der Sublimierung werden niedere Triebregungen, ob bewusst wahrgenommen oder nicht, in kulturell höher bewertete Triebe umgewandelt, z.B. in geistig-kreative Fähigkeiten, und dadurch zumindest teilweise ausgelebt. Zur Triebsublimation stehen dem Unterbewusstsein zahlreiche Möglichkeiten zur Verfügung, besonders bei allen nicht zielgerichteten Tätigkeiten wie der Interpretation beim Spielen eines Instrumentes oder dem abstrakten Malen. Leiden Menschen unter verdrängten Gefühlen, geben ihre Bilder oft ihr wahres Inneres preis. So zeigen die Bilder depressiver Menschen häufig allerlei Symbole von Wut und Gewalt.

Da die bewusste Sublimation unter der Voraussetzung des willentlichen Triebverzichtes oder -aufschubes als Reifekriterium angesehen werden kann, herrscht Uneinigkeit darüber, inwieweit die Sublimation als Abwehrmechanismus zu verstehen ist.

1.3 Innerer Trend

Das Größen- und Beziehungsverhältnis zwischen Bewusstsein und Unterbewusstsein beim Menschen bzw. zwischen »Ich« und »Es« ist vergleichbar mit einem Baum auf einer Insel. Das Unterbewusstsein entspricht der Insel, welche den Baum, das Bewusstsein, trägt und versorgt.

Die Sprache des Unterbewussten ist direkt, bildhaft und symbolisch. Schießt uns in manchen Situationen eine Phantasie, ein Tagtraum durch den Kopf, dürfte diese Metapher vom Unterbewussten stammen, und zwar als Ausdruck eines inneren Trends. Das Bild im Kopf entspricht einem momentanen Bedürfnis. Ein Befolgen dieses inneren Trends würde – ganz im Sinne des »Es«, Unlust zu vermeiden und Lust zu suchen – zu einer Steigerung des Wohlbefindens führen. Beispielsweise erscheint während eines Winterspaziergangs die Phantasie von einem heißen Bad oder auf einer Familienfeier die eines einsamen Waldweges oder einer Bank am Rande eines Sees. Botschaften dieser Art sind vergleichsweise konkret und leicht entschlüsselbar. Es existieren jedoch auch wesentlich subtilere Richtungsweisungen des »Es«. Diesen nachzugehen empfiehlt sich vor allem in Situationen diffuser Unzufriedenheit ohne greifbaren Grund, denn hier kann im Wesentlichen von einer Vernachlässigung persönlicher Bedürfnisse ausgegangen werden.

Eine zentrale Methode der therapeutischen Arbeit in der Psychoanalyse ist die **freie Assoziation:** Der Klient erzählt dem Therapeuten alles, was ihm in den Sinn kommt, ganz gleich, worum es sich handelt. Dieser bringt die Aussagen in einen sinnvollen Zusammenhang und deutet sie zu einem binnenseelischen Statusbericht des Klienten. Nach diesem Prinzip funktionieren auch die in den lebenspraktischen Folgerungen aufgeführten Übungen zum Aufspüren des inneren Trends (s. Kap. 1.5).

1.4. Ziel der Psychoanalyse

Das Ziel der Psychoanalyse besteht darin, über Prozesse der Bewusstmachung durch familiär und gesellschaftlich bedingte Entfremdungen oder eine durch Erwartung und Gewohnheit getrübte Wahrnehmung hindurch zurückzufinden zu den verschütteten Quellen frühkindlicher Phantasie, Kreativität, Spiel- und Lebensfreude, Angstfreiheit und Offenheit.

Die Methode, dies zu erreichen, sah Freud darin, »das Ich zu stärken, es vom Über-Ich unabhängiger zu machen, sein Wahrnehmungsfeld zu erweitern und seine Organisation auszubauen, so dass es sich neue Stücke des Es aneignen kann.«[11] Oder, wie er es bündig formulierte: »Wo Es war, soll Ich werden.«

1.5. Lebenspraktische Folgerungen

Ausgangspunkt aller Verhaltensstörungen, depressiven Reaktionen, psychosomatischen Erkrankungen und Gefühle des scheinbar grundlosen Unwohlseins ist nach der Psychoanalyse das Fehlen von Bewusstheit, von

Klarheit über die gegenwärtige Lebenssituation, sowie die Unkenntnis über die eigenen Bedürfnisse.

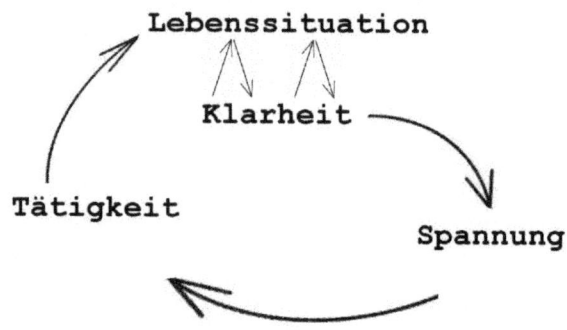

Abb.4: Spannungsmodell

Erkennt der Mensch aber, was ihm fehlt und was er will, hat er gute Chancen, psychisch gesund zu bleiben. Denn an Stelle der Verdrängung entsteht in ihm eine Spannung als Ausdruck der Differenz zwischen Wunsch und Wirklichkeit, die ihn veranlasst, tätig zu werden, Lösungen zu suchen und Schritte zur Erfüllung seiner Bedürfnisse zu unternehmen. Was ist aus lebenspraktischer Sicht also zu tun?[12]

Bewusstheit schaffen
Zu den Voraussetzungen psychischer Gesundheit gehört Bewusstheit und Klarheit in der Wahrnehmung. Dafür müssen möglicherweise »Über-Ich«-Inhalte und die eigenen Maßstäbe der Lebensorientierung korrigiert werden, denn Wertvorstellungen eines z.B. ausnahmslos glücklichen, spannungs- und problemfreien Lebens erschweren die Akzeptanz und klare Sicht auf die Realität. Daraus ergibt sich die nächste Folgerung.

Lebensführung überdenken und gegebenenfalls modifizieren
Aus psychologisch-lebenspraktischer Sicht ist es sinnvoll, die Erwartung eines glücklichen und unbeschwerten Lebens zu ersetzen durch den Wunsch, das Leben grundsätzlich lebendig und interessant zu gestalten,

sich persönlich weiterzuentwickeln sowie an Problemen und Schwierigkeiten zu wachsen.
Zu einer gesunden Lebensführung gehören:

- Probleme als natürlichen Bestandteil des Lebens und als Herausforderung zu verstehen und
- die Wirklichkeit in ihrer Unvollkommenheit zu akzeptieren.

Es gibt kein spannungsloses Glück: Spannungslosigkeit und damit auch Stillstand liegen außerhalb der Grundstruktur des Menschen; der Mensch ist als aktives und suchendes Wesen konzipiert.

Innere Trends erspüren, befragen und erkennen
Insbesondere in Situationen diffuser Unzufriedenheit oder unerklärlicher Schwermut können folgende Übungen hilfreich sein, um vernachlässigte und verschüttete Bedürfnisse oder eine verdrängte Verletzung aufzuspüren.

- **Buchstabenmeditation.** Schreiben Sie Ihren Namen von oben nach unten auf ein Blatt Papier und hinter jeden Buchstaben etwa sieben beliebige Wörter, die mit dem Buchstaben am Anfang der Zeile beginnen. Denken Sie dabei nicht lange nach, sondern notieren Sie das, was Ihnen spontan in den Sinn kommt. Anschließend filtern Sie aus jeder Zeile ein Wort mit besonderer Bedeutung, einer Art Magie oder Ausstrahlung heraus und bilden daraus zwei Sätze in Form eines Ratschlages oder einer Warnung.
- **Bildwahl.** Blättern Sie eine Zeitschrift durch. Achten Sie dabei auf die Bilder, die Sie besonders ansprechen. Überlegen Sie anschließend, was diese Bilder gemeinsam haben, welche Gefühle sie in Ihnen wecken und ob sie eine zentrale Aussage oder einen Appell an Sie enthalten.
- **Bildserie.** Malen Sie drei konkrete Szenen aus Ihrem Leben im Alter von etwa acht, zwanzig und den letzten zwei Jahren (sind Sie erst um die 20 Jahre alt, nehmen Sie einfach drei Szenen aus verschiedenen Lebensabschnitten, z.B. Grundschulzeit, Pubertät und heutiger Situation) und klären Sie dann folgende Fragen: Was haben die drei Bilder

gemeinsam? Welche Überschrift, welchen Titel würden Sie ihnen geben? Worin besteht die Handlung in den dargestellten Szenen? Welche Gefühle hatten Sie damals und warum? Wie sieht es heute mit diesen Gefühlen aus? Und worin bestehen die Parallelen zwischen der heutigen und den gezeichneten Situationen?

Entscheidungen treffen
Worin besteht der Zusammenhang zwischen »Über-Ich«-Maßstäben und dem Fällen von Entscheidungen? Je größer die Erwartung an die Unumstößlichkeit und Unfehlbarkeit einer Entscheidung ist, desto schwieriger ist es, sie zu treffen.

An jedem Tag müssen unzählige Entscheidungen unterschiedlicher Tragweite getroffen werden. Geschieht dies nicht, stellen die nicht geklärten Fragen eine hohe Belastung für die Psyche dar. Das »Es« als Energielieferant hat für diese unnütze Verschwendung auf längere Sicht jedoch nur wenig Verständnis und versucht das Problem auf seine Weise, nämlich kindhaft und ohne Rücksicht auf Verluste, zu lösen. Wer seine Probleme nicht bewusst löst, dem werden sie auf diese Weise also gelöst, jedoch meist nicht auf die gewünschte Art. So werden der Person, die sich z.B. nicht entscheiden kann, den Job zu wechseln, möglicherweise immer wieder Flüchtigkeitsfehler unterlaufen, bis sich irgendwann die Entscheidung erübrigt, da ihr gekündigt wird. Oder ist ein Student nicht in der Lage, sich für ein Auslandssemester zu entscheiden, kann dies ein hartnäckiger allergischer Hautausschlag für ihn tun.

Für die Praxis bedeutet dies, zu einer konstruktiven Entscheidungskultur zu finden:

- Jede Entscheidung beinhaltet die Wahl für und gegen etwas; sie lässt also immer auch mindestens eine Option zurück.
- Ohne Entscheidungen ist es dem Menschen nicht möglich, seinen Weg fortzusetzen, aus etwaigen Fehlern zu lernen und sich weiterzuentwickeln.
- Nur durch bewusste Entscheidungen ist ein selbstbestimmtes Leben möglich. Erkennt man letztlich, dass man einen falschen Weg eingeschlagen hat, lässt sich die Richtung korrigieren.

- Sich überhaupt für eine Alternative entschieden zu haben, ist im Grunde schon ein Erfolg. Inwieweit sich diese Entscheidung schließlich als vorteilhaft erweist, unterliegt oft nur zu einem geringen Teil unserem Einfluss.
- Viele Situationen im Leben wiederholen sich. Vielleicht stehen Sie noch einmal vor derselben Wahl, möglicherweise zu einem besseren Zeitpunkt, in einem attraktiveren Kontext.
- Entscheidungen sollten in Kenntnisnahme dessen, was zurückbleibt akzeptiert werden. Nur so lässt sich die gewählte Gegenwart genießen.
- Auch bei Fehlentscheidungen sollte man sich ein guter Freund bleiben. In aller Regel zeichnet die Fantasie über die zurückgelassene Alternative deutlich positiver und einseitiger als die Realität.
- Erkennen der Illusion richtiger oder falscher Entscheidungen. Letztlich lässt sich nicht sagen, ob die abgewählte Entscheidungsoption in der Realität tatsächlich besser oder schlechter gewesen wäre. Der alternative Weg ist ebenso wenig bekannt wie alle sekundären, mit der Entscheidung verbundenen Faktoren.
- Bei zwei etwa gleichwertigen Entscheidungsoptionen ist eine klare Fehlentscheidung prinzipiell unmöglich.

Gefühle, Gedanken und empfundene Probleme aussprechen
Werden Wünsche, Gedanken und Gefühle ausgesprochen und damit in der sozialen Umgebung verankert, können sie nicht mehr ohne weiteres verdrängt werden. Hat man zum Beispiel vor Kommilitonen geäußert, in jedem Fall nach dem Studium für drei Monate ins Ausland verreisen zu wollen, kann man sich dem nicht mehr so leicht entziehen. Zwar können auch ausgesprochene Gedanken und Wünsche verdrängt werden, doch erinnert sich die soziale Umgebung oft noch daran: »Du wolltest doch ...«, »Hast Du nicht gesagt, dass Du ...«. Und auch das Niederschreiben von Gedanken, etwa in ein Tagebuch, erfüllt diese Funktion.

Einseitigkeit vermeiden

Jeder Mensch benötigt in seiner Lebensführung ein gewisses Maß an Ausgewogenheit und sucht bei Einseitigkeit den Ausgleich. Je mehr Möglichkeiten dazu vorhanden sind, desto gelassener und sicherer kann er sein und desto geringer ist die Gefahr des inneren Ungleichgewichts bei Wegfall einer Ausgleichmöglichkeit. Sind umgekehrt nur wenig oder gar keine Möglichkeiten des Ausgleichs vorhanden – etwa wenn im sozialen Bereich nur der Partner existiert und hinsichtlich des Wunsches nach sinnvoller Beschäftigung nur der Beruf – wird bei Einschränkungen und Verlusten in diesen Bereichen die Frustration über die Situation und den daraus resultierenden Beschränkungen in der persönlichen Lebensführung bedrohliche Ausmaße erreichen. Die aus dieser Frustration resultierende Aggression kann unter normalen Bedingungen nicht ausgelebt werden, wird dann verdrängt und führt auf diesem Wege zu Fehlhandlungen, psychosomatischen Beschwerden, Depression oder Verschiebung auf andere Personen.

Angepasst reagieren und sublimieren

Grundsätzlich stellen Methoden der angepassten Reaktion wie z.B. Sport bei Unruhe und Aggression oder ein heißes Bad bei fehlender Zuwendung sinnvolle und reife Strategien zum Erhalt der inneren Balance dar. Sie ändern jedoch nichts an der Lebenssituation, etwa einer leistungsorientierten Umgebung, oder an der eigenen Unfähigkeit, Gefühle adäquat umzusetzen, und sind deshalb nur als Ergänzung oder Übergangslösung zu verstehen. Ein exzessiver oder suchtartiger Einsatz dieser Mittel führt unter Umständen zu einer Verschlimmerung der Ausgangssituation, weil Probleme verdeckt und damit nicht mehr wahrgenommen werden.

Entspannungsmethoden anwenden

Das gedankliche »Sich-treiben-Lassen«, welches auch Bestandteil geistig-meditativer Techniken ist, fördert und unterstützt die freie Phantasietätigkeit. Damit bietet es ähnlich wie das Träumen eine Projektionsfläche für unterbewusste Inhalte und verringert den Verdrängungsdruck.

Körperorientierte Methoden, Yoga zum Beispiel, dienen besonders der indirekt symbolischen Befriedigung vernachlässigter Bedürfnisse.

Freiraum lassen für nicht zielgerichtete Tätigkeiten

Die heutige Lebensführung mit ihrer zeitweiligen Einseitigkeit – bedingt durch mannigfaltige zielgerichtete Anforderungen in Beruf und Familie – verlangt immer wieder das Zurückstellen aktueller Bedürfnisse und Wünsche. Die Folge ist ein gewisses Maß an notwendiger Verdrängung oder Sublimierung. Verliert der Betroffene dadurch jedoch den Bezug zu seinen eigenen Bedürfnissen, weiß also selbst nicht mehr, woran es ihm gegenwärtig fehlt und was ihm guttut, gilt es, den inneren Trend wieder aufzuspüren (s. Kap. 1.3). Besser ist es jedoch, den Bezug zu den eigenen Bedürfnissen und Wünschen gar nicht erst zu verlieren.

Tragen Sie sich z.B. in Ihren Kalender Stunden ein, die Ihnen gehören, an denen Sie sich von allen beruflichen und familiären Verpflichtungen frei machen, und ziehen Sie das konsequent durch. Lassen Sie sich nicht durch das Telefon abhalten, das erfahrungsgemäß gerade dann klingelt, wenn Sie am Gehen sind. Und hinterfragen Sie Ihren Arbeitsstil. In der Regel findet sich immer etwas, das man optimieren könnte, um anschließend etwas mehr Zeit für sich zu haben.

2 Individualpsychologie

Erreichen und Aufrechterhalten eines gesunden Selbstwertgefühls

2.1 Einführung

Das Interesse des 1870 in Wien geborenen Nervenarztes Alfred Adler galt ursprünglich sozialmedizinischen bzw. sozialhygienischen, später auch heilpädagogischen Sachverhalten. Eher durch Zufall wurde er 1902 von Sigmund Freud zur Teilnahme an den damals legendären Mittwochsdiskussionen eingeladen und avancierte allmählich zu einer wichtigen Persönlichkeit der frühen psychoanalytischen Bewegung. Im Laufe der Zeit entfernte er sich mit seinen Ideen jedoch immer weiter von der Theorie Sigmund Freuds. So forderte er den Ersatz des Triebkonzeptes, das auf der Annahme beruht, der Mensch wäre nur aufgrund biologischer Bedürfnisse zu Handlungen motiviert, durch ein Konzept der Zielgerichtetheit und den Wechsel vom Instinktfatalismus zur zielgerichteten Entscheidungsfreiheit. Nach diversen leidenschaftlichen Disputen mit Freud legte Adler seine Ämter als Präsident der Psychoanalytischen Vereinigung und Redakteur des Zentralblattes für Psychoanalyse nieder und verließ die Psychoanalytische Vereinigung.

1911 entstand aus Adlers Grundideen das tiefenpsychologisch fundierte System der Individualpsychologie, welches sich vornehmlich mit sozialen und binnenseelischen Vorgängen beschäftigt. Damit distanziert sich Adler explizit von einer psychologischen Denkweise, welche die menschliche Persönlichkeit in Instanzen aufzuspalten und diese isoliert voneinander zu betrachten versucht. Vielmehr geht er von einer einheitlichen Persönlichkeit aus, die sich aus vielen einzelnen Lebensäußerungen und Ausdrucksformen zusammensetzt.[13] In diesem Zusammenhang erwähnt Adler auch immer wieder Freuds Psychoanalyse als Negativbeispiel.

Adler spricht von einem allgemeinen Ziel der Menschen: Sie möchten die überwiegend in der Kindheit erworbenen Gefühle der Unterlegenheit und

Unzulänglichkeit anderen Menschen gegenüber durch ein Gefühl von Überlegenheit kompensieren. Diese Zielsetzung ist bei allen Menschen gleich, unabhängig davon, ob sie gesund oder neurotisch sind, wobei unter einer Neurose alle psychischen und psychosozialen Störungen verstanden werden, die ohne nachweisbare organische Störungen einhergehen. Somit sind Minderwertigkeitsgefühle die Triebfeder des menschlichen Handelns und folglich auch Anreiz für jede Art von Fortschritt und Evolution sowie persönlicher und kultureller Weiterentwicklung. Bei Menschen mit neurotischem Verhalten sind die konkreten Ziele jedoch destruktiv und es besteht ein stärkeres Sicherheitsbedürfnis. Zudem verzerren übermäßig stark ausgeprägte Minderwertigkeitsgefühle das menschliche Verhalten auf pathologische Art, indem sie ihn zu einer zwanghaften Suche nach Kompensationsmöglichkeiten zwingen und freies Handeln verhindern.

Wann hat der Mensch das Gefühl der Überlegenheit erreicht? Dies hängt von seiner individuellen Vergangenheit und seiner gegenwärtigen Situation ab. Und nicht immer handelt es sich dabei um das Erreichen eines großen Zieles, sondern um viele zielgerichtete Teilschritte, die auf das Ziel schließen lassen und umgekehrt: »Wenn ich das Ziel einer seelischen Bewegung oder eines Lebensplanes erkannt habe, dann muss ich von allen Teilbewegungen erwarten, dass sie mit dem Ziel und mit dem Lebensplan übereinstimmen. (...) Die richtig verstandenen Teilbewegungen müssen in ihrem Zusammenhang das Abbild eines einheitlichen Lebensplanes und seines Endzieles ergeben.«[14].

Unter dem Begriff des Lebensplanes versteht die Individualpsychologie Wege, Strategien und Mittel des Handelns, die sich für ein Individuum in seinen früheren Entwicklungsabschnitten als hilfreich erwiesen haben, um sich dem Ziel vollkommener Sicherheit bzw. Überlegenheit anzunähern.

2.2 Zentrale Begriffe der Individualpsychologie

2.2.1 Gemeinschaftsgefühl

Um überleben zu können, war der Mensch aufgrund seiner physischen Schwäche und Verletzlichkeit im Laufe seiner urzeitlichen Entwicklung auf den Schutz und die Unterstützung anderer Menschen angewiesen. Auf sich allein gestellt war er angesichts fehlender natürlicher Waffen und Schutzausstattungen wie z.B. Reißzähne, Krallen, Fell, Panzer oder Schnelligkeit den unwirtlichen klimatischen Verhältnissen der Natur sowie den Angriffen wilder Tiere hilflos ausgeliefert. Der Einzelne war nicht überlebensfähig und nicht in der Lage sich fortzupflanzen. Ähnlich ist es auch beim menschlichen Säugling. Er bedarf jahrelanger intensiver Betreuung durch seine sozialen Bezugspersonen, um zu (über-)leben.

Die entwicklungsgeschichtliche Vergangenheit des Menschen lässt damit eine zur Gemeinschaft tendierende psychosoziale Disposition erkennen. Das Gefühl der Zugehörigkeit kann deshalb als menschliches Grundbedürfnis verstanden werden. Entsprechend bezeichnet Adler das Gemeinschaftsgefühl auch als soziale Grunddisposition oder als organische Fundiertheit, die sich in der Seele des Menschen als Forderung vorfindet.[15] Demzufolge ist es eine angeborene Fähigkeit, die durch die Umgebung weiter entwickelt werden muss. Dergestalt ist die Ausprägung des Gemeinschaftsgefühls abhängig von »im Verlauf der Sozialisation entwickelten (...) Fähigkeiten zur sozialen Kooperation bzw. zum Erbringen allgemein nützlicher Beiträge zum Wohlergehen der Gemeinschaft«[16]. Hierzu zählen die Fähigkeit zur Rollenübernahme (»Identifikation«), Kommunikation, Einfühlung (»Empathie«) und Vernunft (»Common sense«) als Grundbestandteile sozialer Kompetenz. Die gemeinschaftliche Grundhaltung des Menschen äußert sich wiederum in der Fähigkeit, sich in der Welt heimisch zu wähnen, eine realistische Einschätzung des Lebens zu entwickeln, sich mit der Gemeinschaft zu identifizieren und ihr zugehörig zu fühlen. Impliziert wird damit ein generelles Interesse an den Mitmenschen, der Wunsch, zur Entwicklung einer idealen Gemeinschaft beizutragen, und der Mut, inhumanen und antisozialen Tendenzen in der Gesellschaft entgegenzuwirken.

Zusammenfassend lässt sich sagen, dass die Ausprägung des Gemeinschaftsgefühls eines Menschen an seiner Fähigkeit zur Freundschaft (Bindungsfähigkeit), Mitarbeit (Kooperation) und Mitmenschlichkeit erkennbar ist. Eine geringe oder gar fehlende Ausprägung spiegelt sich im Umfang sowie in der Qualität des individuellen sozialen Umfelds wider.

Machtstreben als Folge und zur Kompensation des Minderwertigkeitsgefühls verkörpert im Ignorieren des Wohlergehens anderer das Gegenmotiv zum Gemeinschaftsgefühl.

2.2.2 Minderwertigkeitsgefühl und Minderwertigkeitskomplex

»Das Kleinkind, dessen geistige Entwicklung viel weiter ist, als meist angenommen wird, (...) weiß, dass seine körperlichen Kräfte nicht ausreichen, um den Erwachsenen erfolgreich Widerstand zu leisten; es empfindet in dieser Situation, dass es dem Erwachsenen unterlegen ist. So ruft das Erlebnis seiner körperlichen Unzulänglichkeit in ihm ein Minderwertigkeitsgefühl hervor. Dieses spornt das Kind an, aufwärts zu streben. Wenn aber durch fehlerhafte Erziehung dieses normale Aufwärtsstreben verhindert wird, kann das Minderwertigkeitsgefühl sich vertiefen und zur Entwicklung eines Minderwertigkeitskomplexes führen. Man muss sich darüber ganz klar sein, dass das Minderwertigkeitsgefühl den Menschen dazu antreibt, seine Probleme erfolgreich zu lösen, im Gegensatz zum Minderwertigkeitskomplex, der ihn daran hindert.«[17]

Im Laufe seiner Entwicklung durchlebt das heranwachsende Kind unzählige Situationen der Schwäche und Unterlegenheit, in denen es auf die Hilfe seiner Bezugspersonen angewiesen ist. Es wähnt sich tatsächlicher oder vermeintlicher elterlicher Willkür ausgeliefert und wird zu diversen, ihm unverständlichen Dingen gezwungen, gegen die es sich aufgrund von Abhängigkeit und fehlender Kraft nicht wehren kann. Diese erworbenen Gefühle der Minderwertigkeit sind größtenteils für den Erwachsenen nicht mehr relevant und unbegründet: Die tatsächlichen oder vermeintlichen Schwächen des Kindes sind überwunden und es besteht kein objektiver Grund mehr, sich etwa den Wünschen der Eltern oder der

Umgebung unterzuordnen. Der heranwachsende Mensch erkennt aber auch, dass er mit zunehmendem Alter und entsprechender Anstrengung in der Lage ist, auf fremde Hilfe zu verzichten und problematische Situationen selbst zu meistern. Er erkennt so, dass er mit Fleiß, Einsatz und Mut seine Lage verbessern und Minderwertigkeitsgefühle damit umgehen oder reduzieren kann.

Versuchen die Bezugspersonen jedoch durch Selbsterhöhung eigene Minderwertigkeitsgefühle auf Kosten des Kindes zu kompensieren – beispielsweise durch Sarkasmus und Ironie, Belächeln ungeschickten Verhaltens, selbstgefällige Hilfeleistungen, übertriebenes Aufzeigen von Fehlern und Mängeln, destruktive Kritik, Sich-Lustig-Machen über Äußerungen und Gedanken –, wird das Gefühl der Minderwertigkeit vertieft und die natürliche Entwicklung konstruktiver Kompensationsmechanismen gestört. Der Mensch gelangt zu der Überzeugung, er sei nicht in der Lage, seine Probleme zu lösen, und wird daraufhin versuchen, Problemen aus dem Weg zu gehen anstatt sie zu lösen.

Ein Minderwertigkeitskomplex tritt somit in Situationen auf, an die der Mensch nicht genügend angepasst oder für die er nicht ausgerüstet ist.[18] Ähnliche Folgen haben ein übermäßig verwöhnender oder harter Erziehungsstil. Im Falle zu starker Verwöhnung bekommt das Kind sämtliche Schwierigkeiten abgenommen und kann damit nicht an ihnen wachsen; bei einer zu strengen Erziehung erhält es zu wenig Unterstützung und wird dadurch entmutigt.

Doch nicht nur in der Kindheit, sondern in jedem Alter besteht die Möglichkeit einer Gefährdung und Beschädigung des menschlichen Selbstwertgefühls: durch Zurückweisungen aufgrund sozialer Mängel wie fehlende soziale Kompetenz, durch Bildungslücken, mangelnde Attraktivität, geistige Schwäche, schlechte ökonomische Voraussetzungen oder durch schicksalhafte Anhäufungen von Niederlagen, Erkrankungen und Unfällen. Letztlich ist das gesamte Bildungssystem mit seinem Ausleseprinzip (Abstufung oder Verweis bei Leistungsrückgang, Numerus clausus und andere Zugangsvoraussetzungen), der progressiven Leistungserwartung und Leistungsbewertung sowie dem Fokussieren auf Mängel eine Dauerquelle für Beschädigungen des Selbstwertgefühls und somit ein pädagogisches Negativbeispiel.

2.2.3 Lebensplan und Dressate

Die unterschiedlichen Situationen und Ereignisse des Lebens erfordern die Fähigkeit, verschiedenartige Rollen einnehmen zu können, um dem beständigen Wandel der Gegebenheiten angemessen entgegentreten zu können. Dabei bewegt sich der Mensch zwischen ganz gegensätzlichen Polen. So nimmt er einmal die Rolle des Helfers ein, dann wieder die Rolle des Hilfsbedürftigen, oder er tritt mit Forderungen auf, um in einer anderen Situation wiederum verzichten zu müssen.

Hat der Menschen nicht gelernt, mit dieser Rollenvielfalt umzugehen, sondern ist auf wenige Rollen beschränkt, wird er alles versuchen, seine Umgebung und Kontakte entsprechend zu gestalten sowie alle Situationen, in denen eine abweichende Rolle gefordert wird, angstvoll zu vermeiden. Damit beschränkt er jedoch seine Erlebnismöglichkeiten und unterbindet zwischenmenschliche Beziehungen, in denen er eine neue Rolle zugewiesen bekommen würde.

Lebt etwa ein erwachsener Mann noch bei seinen Eltern obwohl er finanziell bereits unabhängig ist und reicht ihm die Rolle »Sohn« im Sinne von »versorgt werden, keine Verantwortung übernehmen müssen«, wird er möglicherweise eine partnerschaftliche Beziehung zu einer Frau meiden, da diese die Rollen »Lebenspartner« und ggf. auch »Vater« beinhalten. Er müsste für seine Wünsche und Bedürfnisse einstehen und sich mit denen seiner Frau auseinandersetzen. Er wäre gezwungen, eine Rolle einnehmen, zu der u. A. die Übernahme von Verantwortung gehört, ebenso wie für andere da zu sein. Allenfalls käme für ihn eine Partnerin in Frage, die wiederum die mütterlich-versorgende Rolle erlernt hat und beibehält.

Kann eine Person einer ihr fremden Rolle nicht ausweichen, beispielsweise durch einen Schicksalsschlag, wird sie diesen Zustand krisenhaft und mit großer Angst erleben.

Bei längerem Andauern dieses Umstandes und starrem Festhalten an der gewohnten Rolle wird sich das Leben dieses Menschen zu seinem Nachteil verändern: Er wird u.U. sein Leben als sinnentleert empfinden, könnte psychisch oder psychosomatisch erkranken – und dadurch wieder die Rolle des Versorgten einnehmen können.

Der Lebensplan des Menschen wird beeinflusst durch die konstitutionelle Veranlagung des Menschen, also Temperament, Kraft und Ausdauer, sowie den erzieherischen Einflüssen, denen er ausgesetzt war/ist, wobei beide Faktoren in Wechselwirkung stehen: Ein an sich energetischer und kraftvoller Mensch kann sich durch seine Erziehung zu einem müden und zaghaften Menschen entwickelt haben, wobei seine Veranlagung dann nur verschüttet, nicht aber ausgelöscht ist.

Fritz Künkel hat zur Veranschaulichung dieser Zusammenhänge das Schema der Dressate[19] entwickelt. Unter diesem Begriff werden Reaktions- und Verhaltensweisen verstanden, zu denen der Mensch »abgerichtet« worden ist und sie dann automatisch vollzieht. Idealerweise sollten Elemente aller vier Dressate zum Rollenrepertoire eines Menschen gehören.

Abb. 5: Abhängig von harten oder verwöhnenden Erziehungsumständen sowie aktiver oder passiver Temperamentsanlage entstehen vier polare Richtungen der Rollenausprägung. Bei einseitiger Ausprägung stehen diese für eine ungesunde, unausgeglichene Lebensführung, von der sich zu lösen die betreffende Person ohne fremde Hilfe, etwa durch therapeutische Interventionen oder Beratung, schwer in der Lage sein wird.

Star

Als Star bezeichnet Fritz Künkel den anspruchsvollen und dominanten Typus mit dem Dressat: »Die anderen müssen mich bewundern; ich bekomme alles, was ich will.« Trotz seines glänzenden und sieghaften Auftretens wird der Star aber immer von einem plötzlichen Absturz in Melancholie und Verzweiflung bedroht bleiben. Seine Aktivität ist gewissermaßen weich, spielerisch und ohne feste Fundamente.[21]

- **Vorbild Star.** Ideal wäre es, hätte jeder Mensch etwas von dem Glanz des Stars, um das Leben zu genießen und sich vom Alltag lösen sowie Lob und Erfolge auskosten zu können.

- **Trainingsprogramm für Stars.** Der Star sollte z.b. lernen:
    ○ sich um die Bedürfnisse anderer zu kümmern,
    ○ anderen den Vortritt zu lassen und
    ○ seine Aktivitäten unabhängig von Publikum und Beifall zu gestalten.

Caesar

Caesar sieht die Welt als raue und feindliche Umgebung sowie das Leben als entbehrungsreichen Kampf: »Die anderen sind meine Feinde, darum muss ich sie niederkämpfen, wenn ich etwas erreichen will.« Er ist hart und »hat frühzeitig leiden und verzichten gelernt. Seine Aktivität ist rücksichtslos, auch gegen die eigene Person, und oft durch produktive oder gar geniale Züge gekennzeichnet. Nicht nur die großen Männer der Wirtschaft und der Politik, sondern auch die großen Verbrecher gehören meist zu diesem Typus.«[20]

- **Vorbild Caesar.** Es gibt Situationen, denen es der selbstlosen Härte Caesars bedarf, um Wünsche und Ideen durchzusetzen, Visionen umzusetzen und schwierige Lebenssituationen zu überwinden.
- **Trainingsprogramm für Caesaren.** Caesaren sollten z.B. lernen:
    ○ sich bei Problemen nicht zurückzuziehen, um diese allein zu lösen, sondern sie mit anderen zu teilen und um Rat zu fragen oder um Hilfe zu bitten,

- andere um einen Gefallen zu bitten,
- großzügiger sich selbst gegenüber zu sein und zum eigenen Vergnügen Geld auszugeben, sich z.b. ein Wellness-Wochenende zu gönnen,
- zur Entspannung ein Thermalbad oder eine Sauna zu besuchen.

Heimchen

Das Heimchen unterwirft seine Umgebung, indem es ihr Mitgefühl und Gewissensbisse abringt: »Die anderen müssen mich versorgen – wenigstens, wenn ich leide.« Es neigt zu seelisch-körperlichen Erkrankungen in Verbindung mit märtyrerhaftem Gebaren.

- **Vorbild Heimchen.** Die weiche Selbstbezogenheit des Heimchens ist manchmal angebracht, um sich helfen, unterstützen, umfangen und verwöhnen zu lassen und um Ruhe zu finden.
- **Trainingsprogramm für Heimchen.** Das Heimchen sollte z.B. lernen:
  - bewusst auf die Hilfe anderer zu verzichten und
  - sich für andere einzusetzen.

Tölpel

Das Leben des Tölpels ist geprägt von düsterem Pessimismus: »Die Menschen sind meine Feinde, deshalb habe ich nichts zu erwarten.« Er hat sich damit abgefunden, in dieser Welt nichts zu bekommen und das Verzichten selbstverständlich in sein Leben integriert. Er wirkt nach außen abgestumpft und unzugänglich.

- **Vorbild Tölpel.** In manchen Situationen des Lebens sind Kämpfe nur noch aussichtslos und selbstzerstörerisch. Dann sind Niederlagen und Rückschläge zu akzeptieren. Oder es gilt, von Menschen, Lebensabschnitten, hinfälligen oder unmöglichen Ideen und Wünschen Abschied zu nehmen.
- **Trainingsprogramm für Tölpel.** Der Tölpel sollte z.B. lernen:
  - Forderungen zu stellen,
  - auf seinem Recht zu beharren und
  - sich verwöhnen zu lassen.

2.2.4 Kompensation

Die in jedem Menschen mehr oder weniger stark vorhandenen Zweifel seiner Ebenbürtigkeit anderen Menschen gegenüber, an der Zugehörigkeit zu seiner sozialen Umgebung und an der Akzeptanz durch dieselbe sowie die bedrückende Angst vor dem Ausschluss aus der Gemeinschaft, welche Adler unter dem Begriff der Minderwertigkeitskomplexe zusammengefasst hat, bestimmen das gesamte soziale Verhalten des Menschen. Diesen sozialen Ängsten entwächst der Wunsch nach Selbstbestätigung, Zuwendung, Beachtung, Respektierung und Anerkennung sowie das Bedürfnis nach einem Aufrechterhalten des Selbst- und Fremdbildes. Die Erfüllung dieser Wünsche gelingt nach Adler durch destruktive oder konstruktive Formen der Zuwendungssuche mittels negativer und positiver Kompensation.

Negative Kompensation
Negative Kompensationen sind u.a.:

- **Negative Kritik.** Der Kritiker signalisiert sich und anderen, er sei besser als der Kritisierte. Durch das Herabsetzen anderer erscheint er vergleichsweise moralisch oder leistungsbezogen höherwertig.
- **Beleidigt-Sein.** Hinter mimosenhaftem Verhalten steckt der Wunsch, andere gedanklich zu beschäftigen, ihnen ein schlechtes Gewissen zu bereiten und zugleich in Selbstmitleid und Größenfantasien zu schwelgen.
- **Machtstreben.** Wer Mach hat, wird anerkannt, wichtig genommen und darf nicht (zu sehr) kritisiert werden.
- **Rechthaberei.** Wer immer recht hat, muss keine Irrtümer eingestehen. Dahinter steckt in der Regel die tiefe Furcht vor einer Kränkung.
- **Kritikempfindlichkeit.** Die Fragilität des mühselig erhaltene Selbst- und Fremdbild lässt selbst leiseste Kritik bedrohlich erscheinen.
- **Provokation** und **Aggressivität.** Dabei handelt es sich um die Zuwendungssuche von Ungeduldigen, die in der Umgebung sofort Beachtung findet. Spiegelt die Haltung wider: lieber gestraft als unbeachtet. Kann damit auch Ausdruck von Perspektivlosigkeit und Entmutigung sein.

- **Geltungssucht.** Gier nach Aufmerksamkeit und Beachtung, vor allem aber Anerkennung und Bewunderung.
- **Querulanz.** Der Mensch versucht, andere zur Berücksichtigung und Beachtung seiner Person zu zwingen, will damit aus der Masse herausragen.
- **Clownerie.** Suche nach sozialer Beachtung zu Lasten persönlicher Lebensinteressen und der Inkaufnahme negativer Folgen für das Selbst- und Fremdbild[21].
- **Übermäßiger Ehrgeiz, überhöhte Leistungsbereitschaft.** Wunsch, durch Übertrumpfen anderer Wert zu erlangen. Versuch, andere Lebensbereiche, in denen man versagt – soziales Umfeld, Partnerschaft, sinnvolle Lebensgestaltung – zu überdecken.
- **Flucht in Krankheit.** Krankheit ist nach den Wertmaßstäben einer Leistungsgesellschaft akzeptabel. Unfähigkeit, Ausweichen, Verweigern oder Versagen jedoch nicht.

Negative Kompensation ist einfach. Jeder kann sie umsetzen, und sie bringt sofortigen Ertrag. Daraus erklärt sich die hohe Popularität dieses Verhaltens. Gravierender Nachteil ist jedoch, dass die mitmenschliche Umgebung solches Verhalten auf Dauer nicht akzeptiert, sondern sich schützt, indem sie diese Person abwertet oder sich von ihr abwendet. Damit erreicht der negativ Kompensierende in kurzer Zeit genau das Gegenteil seiner ursprünglichen Intention, sich der Zugehörigkeit zur Gemeinschaft zu versichern. Er verfängt sich in einem Kreislauf sozialer Stagnation mit wachsenden sozialen Ängsten und daraus resultierenden Schutzhaltungen:

- Übermäßige Neigung zu negativer Selbst- und Fremdbewertung
- Ichbezogenes Sozialdenken
- Erfahrungsabwehr
- Anbieten einer Rolle und Scheinpersönlichkeit
- Vermeiden von Risiken
- Übertriebene Angst vor dem Verletzt-Werden.

Merkmal negativer Kompensationen ist, dass sie über den Moment hinaus keinerlei Nutzen haben, weder für die handelnde Person noch für die Betroffenen. In diesem Sinn ist die Frage Adlers nach dem »Nutzen für die Gemeinschaft«[22] und die von Künkel nach der »unmittelbaren Zweckhaftigkeit des Lebens«[23] zu verstehen. Die Handlungen dienen lediglich der Befriedigung eines momentanen Ich-Impulses mit dem unbewussten Zweck, einer dem Leitbild widersprechenden Situation den gewohnten Verlauf zu verleihen und soziale Ängste zu lindern. Damit unterstützt negative Kompensation das subjektive Sicherungsbedürfnis[24] und blockiert persönliches Wachstum.

Positive Kompensation
Die Individualpsychologie subsumiert verschiedene Bausteine konstruktiven Sozialverhaltens unter dem Begriff der positiven Kompensation.

Gemeinschaftsbezogenes Verhalten. Interesse zeigen für Wünsche, Ziele und Vorstellungen anderer, Hilfsbereitschaft (s. Kap. 2.3.1).

Soziale Angebote. Bieten von Entwicklungs- und Entfaltungsmöglichkeiten für die soziale Umwelt, Aneignen von allgemein nützlichem Wissen und nützlichen Fertigkeiten (s. Kap. 2.3.).

Leistungsbereitschaft. Anerkennung aufgrund von Leistung und Erfolg; Zeigen konstruktiver Initiative für sich und andere. Geistige und emotionale Flexibilität und die Fähigkeit, neue Erfahrungen in das persönliche Lebenskonzept zu integrieren sowie aus Fehlern und Erfolgen zu lernen.

Aufgrund positiver Signale aus der mitmenschlichen Umgebung und eines sozial produktiven Austausches entsteht beim positiv Kompensierenden eine realistisch-affirmative Einschätzung seiner selbst. Er wird damit soziales Interesse sowie den Mut zu sozialen Wagnissen entwickeln und zunehmend in der Lage sein, sich selbst zu zeigen und einzubringen. Dieses Abweichen vom geläufigen Kurs wird ihm völlig neue Erfahrungen und Entwicklungsmöglichkeiten und damit soziales und persönliches Wachstum bescheren. Im Bemühen um mitmenschliche Partnerschaft wird es dem

Menschen zunehmend gelingen, Toleranz und Großzügigkeit sich selbst und anderen gegenüber walten zu lassen.

2.3 Wertschätzung und Anerkennung

Jeder Mensch hat nach Auffassung der Individualpsychologie ein starkes Bedürfnis nach Aufwertung und Stützung seines Selbstwertgefühls sowie den Wunsch, Beeinträchtigungen und Beschädigungen darin zu vermeiden.

Nur wenn eine Person Signale von Akzeptanz, Anerkennung und Bedeutung bekommt und damit den Eindruck, ihr Selbstgefühl wird gestützt und nicht beschädigt, wird sie ihre sozialen Ängste überwinden und damit den Mut zu einem konstruktiven mitmenschlichen Angebot sowie zur positiven Kompensation finden. Voraussetzung dafür, dass jemand andere positiv beeinflussen kann, ist jedoch, dass er in deren Augen ein gewisses Maß an Wertschätzung genießt. Nur wenn ein Mensch ein positives Image genießt, kann er anderen Anerkennung geben und ihr Selbstwertgefühl stützen. Andernfalls dient er bestenfalls als Kontrastmittel zur eigenen Selbsterhöhung in der Konzentration auf seine Fehler und Schwächen.

2.3.1 Imagefaktoren

Das Ausmaß der Wertschätzung, die ein Mensch von seiner Umwelt erfährt, hängt weniger von äußeren Merkmalen wie Status, Besitz oder Erfolg ab als von folgenden Imagefaktoren.[25]

- **Zuverlässigkeit.** Einhalten von Zusagen, Absprachen, Terminen, Pünktlichkeit. Aussendung des Signals: Du findest in meiner Welt Beachtung, deine Bedürfnisse sind nicht zu vernachlässigen.
- **Einschätzbarkeit, persönliche Tradition, Konstanz, Wertbindung.** Äußerungen und Verhaltensweisen sind keine momentanen Anwandlungen ohne Bestand und Wert, sondern von Dauer.
- **Selbstkontrolle, Beherrschtheit, Gefühlsreichtum mit**

verstandesmäßiger Kontrolle, emotionale Distanz. Das Verhalten wird vom Verstand, nicht von Gefühlen gesteuert; von dieser Person kann deshalb auch Verlässlichkeit und Konstanz erwartet werden. Es besteht keine Gefahr einer Verletzung des Selbstwertgefühls durch unbedachtes Handeln.
- **Konstruktive und optimistische Grundhaltung, Fähigkeit, das Positive zu sehen und weiterzugeben.** Die vorteilhaften Seiten anderer Menschen werden gesehen. Aussendung des Signals: Es lohnt sich, sich vernünftig zu benehmen, ich sehe das Positive in dir.
- **Initiative, mühelose Aktivitätsentfaltung, keine »Warum-Immer-Ich?«-Haltung.** Aussendung des Signals: Ich bin für euch da; das mache ich doch »mit links«; ich bin mir nicht zu schade, etwas für euch zu tun.
- **Interessenvielfalt, kommunikative Mitteilungsfähigkeit, Aufgeschlossenheit.** Möglichkeit des vielseitigen Austausches, Bereitschaft, von anderen zu lernen und zu profitieren. Aussendung des Signals: ich interessiere mich für deine Welt und schätze dich; du musst keine Abwertung deiner Interessen befürchten.
- **Autonome Aktivität.** Persönliches Tun, ohne nach »Publikum« zu schielen, Unabhängigkeit vom Beifall oder Widerspruch der Umgebung.
- **Distanzierungsfähigkeit, großzügige Sichtweise, Humor.** Keine kleinliche Verbissenheit, Horizont, Sehen von Alternativen, Relativieren der Wichtigkeit von Ereignissen, loslassen, aufhören können. Fähigkeit, Ärgernisse und Schwierigkeiten des Alltags realistisch zu bewerten. Dieser Mensch ist von kleinsten Hürden des Lebens kaum auszuhebeln.

2.3.2 Zeichen der Wertschätzung und Anerkennung

Menschen fühlen sich wichtig genommen, wenn ihre Person beachtet wird und sie die Möglichkeit erhalten, sich entfalten und produktiv selbst bestätigen zu können. Dies bedeutet u.a., Menschen stets persönlich, also mit ihrem Namen anzusprechen und ihnen damit ihre Individualität zu belegen. Dies liefert dem Gegenüber die Sicherheit, nicht beliebig austauschbar zu sein und für den anderen so wertvoll zu sein, dass er sich den Namen eingeprägt hat.

Ein Bekunden von Interesse für die Welt des anderen, sein individuelles Erleben, Fühlen und Denken, aber auch das Gewähren eines Einblicks in die eigene Welt liefern ebenso Signale der Wertschätzung wie das aktive und konzentrierte Zuhören. Dabei steht das Signal im Vordergrund, damit einverstanden zu sein, dass jemand zu uns spricht, zunächst unabhängig davon, was er spricht.

Möglichkeit zur produktiven Selbstbestätigung erhält jemand, indem er um Rat gefragt oder um Hilfe gebeten wird.

Spontanes Lob und unmittelbare Anerkennung sind in unseren Breitengraden eher unüblich und stoßen unter Umständen sogar auf Misstrauen und Hilflosigkeit. Nichtsdestotrotz sieht die Individualpsychologie im Verteilen von gerechtfertigtem Lob ein wichtiges Mittel zum Abbau sozialer Unsicherheiten und Ängste. Die Schwierigkeit dabei ist nur, dass anerkennenswertes Verhalten aufgrund der heute eher üblichen Defizitorientierung oft übersehen wird. Deshalb sollte jeder, der loben möchte:

- nicht nur auf Anerkennenswertes achten, sondern auch bewusst danach suchen und es zum Ausdruck bringen,
- Anerkennung sofort und unmittelbar geben,
- besondere Leistungen nie als selbstverständlich hinnehmen.

2.4 Philosophie der zwischenmenschlichen Gleichwertigkeit

Ausgangspunkt der Individualpsychologie ist der Gedanke, dass alle Menschen infolge ihres gemeinsamen biologischen Ursprungs gleichwertig sind. Wäre dieser Grundgedanke im Bewusstsein aller Menschen verankert, bestünde keine Notwendigkeit, sich und anderen immer wieder aufs Neue den eigenen Wert beweisen zu müssen. Solches Verhalten ergäbe keinen Sinn, da offensichtliche Selbstverständlichkeiten keinerlei Hinweise bedürfen. So würde ein weibliches Mitglied einer Gruppe von Frauen mit dem expliziten Hinweis auf ihr Geschlecht (»was ihr übrigens noch wissen solltet: Ich bin eine Frau!«) allenfalls Belustigung oder Verwunderung hervorrufen.

Die Gewissheit mitmenschlicher Gleichwertigkeit würde also jedes Verhalten mit dem Zweck, sich anderen überlegen zu fühlen, Sinn entleeren und somit überflüssig machen.

Es wäre folglich nicht mehr nötig, sich fortlaufend der Akzeptanz anderer zu versichern oder absurde Leistungen zu erbringen, um sich seinen Mitmenschen überlegen zu fühlen. Machtspiele wären ebenso entbehrlich wie Statussymbole.

Zwischenmenschliche Gleichwertigkeit bedeutet:

- Dem anderen ohne ein Gefühl der Überlegenheit zu begegnen.
- Durch das Gefühl der Verbundenheit richtig zu handeln.
- Den Erfolgsbegriff zu relativieren.
- Den eigenen Einfluss auf die Umgebung zu kennen.
- Den anderen konsequent zu ermutigen.
- Sich selbst zu achten.
- Sich als gleichwertiger Mensch zu fühlen.

Dem anderen ohne ein Gefühl der Überlegenheit begegnen
Das Gefühl der Überlegenheit weckt beim Gegenüber Gefühle der Unterlegenheit und Unsicherheit und damit den Drang, diese zu kompensieren.[26] Der vermeintlich oder tatsächlich Unterlegene wird nach Schwachpunkten beim Überlegenen suchen, um ihn von seiner überhöhten Position zu stürzen.

In der Auseinandersetzung mit den eigenen Minderwertigkeitsgefühlen ist dem Menschen jede Gelegenheit, sich der Umgebung überlegen fühlen zu können, willkommen. Besonders bieten sich hier Menschen als Kontrastmittel an, die aufgrund ihres Alters, ihrer Größe, Ausstattung oder Vergangenheit Defizite aufweisen und auf die Hilfe sowie das Wohlwollen anderer angewiesen sind. Das gilt insbesondere für Kinder aber auch für Schwächere, vermeintlich oder tatsächlich Unterlegene bzw. Untergebene.

Durch das Gefühl der Verbundenheit richtig handeln
Menschen haben die Fähigkeit, allein aufgrund ihres Gefühls der Zugehörigkeit und Verbundenheit mit der Umgebung verantwortlich und nutzbringend zu handeln. Es bedarf also nicht der Drohung von Strafe

durch weltliche oder göttliche Autoritäten. Dies veranlasste den Psychotherapeuten Rudolf Dreikurs zu der Aussage: »Ursprünglich war es die Angst vor der ´Sünde´, die den Menschen davor bewahrte, ´böse´ zu sein. Heute tritt immer klarer zutage, dass die ´Sünde´ des modernen Menschen die Angst selbst ist. (...) Die Angst vor der Strafe versagt uns die ruhige Gewissheit, dass wir gut sein können, weil wir es wollen.«[27]

Den Erfolgsbegriff relativieren
Tätigkeiten mit dem einzigen Sinn der eigenen Wertbestätigung vor anderen bergen die Gefahr der Hohlheit bzw. Inhaltslosigkeit in sich. Sie bringen weder persönlichen Gewinn noch persönliche Weiterentwicklung und dienen ausschließlich dem Prestigegewinn vor anderen. Kennzeichnendes Merkmal von »Erfolgserlebnissen« dieser Art ist das Gefühl, dass hinterher alles wie vorher ist; nichts hat sich geändert. Es besteht nach wie vor das Gefühl des persönlichen Defizits mit dem Drang zur Suche nach neuen Gelegenheiten, sich seinen Wert zu beweisen. »Ein Mensch, der um jeden Preis seinen Wert beweisen will, kommt unvermeidlich zu der Erkenntnis, dass er keinen besitzt. Er lebt ja schon im Zweifel seines Werts, sonst wäre kein Beweis notwendig. Da er seine Fähigkeiten aber bezweifelt, projiziert er seine geringe Selbsteinschätzung in alles, was ihm entgegentritt. Selbst wenn er Erfolg hat, beeindruckt ihn die gelungene Leistung weniger als persönliches Misslingen. Uns alle berühren primär die Erfahrungen, die ´beweisen´, was wir ohnehin schon erwarten.«[28]

Eine weitere Klippe der Erfolgsorientiertheit besteht in der Angst vor dem Misserfolg. Die Annahme der Abhängigkeit des persönlichen Status von Erfolg oder Misslingen blockiert die Fähigkeit neugierigen Ausprobierens und Handelns in neuen und unbekannten Bereichen, in welchen sich der Mensch seines Erfolges nicht sicher sein kann; sie verhindert damit zugleich seine persönliche Weiterentwicklung und Wachstum.

Der Gedanke an das erfolgreiche Ergebnis während des Handelns entzieht der Tätigkeit selbst Teilnahme und Energie und richtet die Aufmerksamkeit auf das Problem der eigenen Zulänglichkeit.

Den eigenen Einfluss auf die Umgebung kennen
Wir sollten uns stets darüber im Klaren sein, was ein Wort, ein Blick oder eine Geste zu bewirken vermag. Ein freundliches Wort, ein Kompliment, eine Ermunterung kann den Tagesablauf eines Menschen vollkommen verändern. Ein zufälliges Wort kann in der Lage sein, die Richtung eines Menschenlebens nachhaltig zu bestimmen.

Die Einstellung einem Menschen gegenüber lässt in uns eine gewisse Erwartung seines Handelns entstehen, welche wiederum unser Verhalten diesem Menschen gegenüber bedingt. Tatsächlich verhält sich jener Mensch schließlich so, wie wir es von ihm erwartet haben. Dieser Mechanismus ermöglicht es uns, in den Menschen, denen wir gegenübertreten, das Beste oder das Schlimmste hervorzurufen, je nach unserer Einstellung zu ihnen und dem, was wir von ihnen erwarten.

Wir leben in einer kontinuierlichen Wechselwirkung: So beeinflussen und verändern wir durch unser Denken, unseren Glauben, unsere Ansichten und unser Handeln die Welt um uns herum[29], gleichzeitig werden unsere Stimmungen und Entscheidungen von der Mitwelt beeinflusst.

Den anderen konsequent ermutigen
Niemand verfügt über genug Selbstvertrauen. Jeder Mensch hat ein nicht ganz richtiges Bild von sich, ebenso wie keiner von dem Verdacht und der Befürchtung frei ist, nicht zu genügen. Selbst jenen Personen, die den Eindruck rücksichtsloser Selbstbehauptung vermitteln, mangelt es an dem Gefühl, genug zu sein. Fühlten sie sich akzeptiert, würde sich alles in ihnen dagegen sträuben, diese wertvolle Umgebung zu beschädigen. Das beruhigende Gefühl, ohnehin zu bekommen, was sie wollen, ließe den Drang, alles an sich zu reißen, absurd erscheinen.

Die einflussreiche Wirkung einer ermutigenden Haltung wird deutlich, wenn wir an Menschen denken, in deren Gegenwart wir uns frei und ungezwungen fühlen und ohne Überwindung ein Stück persönlicher Welt zu zeigen wagen. Das Gegenteil davon, die Anspannung in einer Atmosphäre der Entmutigung, wären Gehemmtheit, Schwierigkeiten, die rechten Worte zu finden, auffällig ungeschicktes Benehmen und in jeder Handlung das Gefühl von Unzulänglichkeit. Einen Menschen zu ermutigen bedeutet also, ihm zu vermitteln, dass man mit ihm, seiner Anwesenheit und dem, was er tut, grundsätzlich einverstanden ist, und dass er so, wie er ist, gut genug ist. Dies klingt relativ einfach und ist es auch, sofern genügend Selbstvertrauen vorhanden ist. Andernfalls kann das kompensatorische Bedürfnis, den eigenen Wert auf Kosten des anderen zu heben, die besten Vorsätze zunichtemachen.

Sich selbst achten
Die Voraussetzung, andere ermutigen zu können, ist Selbstachtung. Übertriebenes Vernachlässigen eigener Bedürfnisse kann leicht zu durch Güte getarnter Überheblichkeit werden. Der Aufbau eines guten zwischenmenschlichen Verhältnisses auf der Basis von Unterwerfung und Besänftigung ist unmöglich. Das Konzept der zwischenmenschlichen Gleichwertigkeit erfordert deshalb auch das Vertreten unserer eigenen Bedürfnisse sowie das Verfolgen unseres eigenen Vorteils.

Im Interesse unserer Selbstachtung stehen auch das Hinterfragen und eventuelle Beenden von Kontakten mit Menschen, die unsere Interessen und Bedürfnisse ignorieren und untergraben.

Sich als gleichwertiger Mensch fühlen
Die in Industrienationen übliche Erziehung vermittelt eine Abhängigkeit des eigenen Wertes als Person von erbrachter Leistung. Erfolg kann jedoch nur bedingt als unmittelbarer Ertrag aus vorhergegangener Anstrengung verstanden werden; zu viele Faktoren liegen außerhalb unseres Einflusses.

Leistung und Erfolg sind folglich ungenaue und relative Begriffe. Sie sind stark von äußeren Umständen sowie ihre Definition von der Einschätzung anderer abhängig. Ist die Geltung als Mensch an Leistung geknüpft, hängt unser Wert als Person von Zufällen und vom Urteil anderer ab. Wir sind abhängig vom Gutdünken der Umgebung, sind fremdbestimmt und in bedenklichem Maße manipulierbar.

Tatsächlich hat aber jeder Mensch Geltung, und zwar durch sein bloßes Dasein.[30]

2.5 Lebenspraktische Folgerungen[31]

Welche lebenspraktischen Folgerungen lassen sich aus den Aussagen der Individualpsychologie ableiten?

Das positive Selbstwertgefühl stärken
Erfolgserlebnisse sind die tägliche Nahrung des Selbstwertgefühls. Kleine realisierbare Schritte auf dem Weg zu großen Zielen sorgen für eine beständige Versorgung mit positiven Ergebnissen. So ist es leichter, sich vorzunehmen »ab morgen fahre ich jeden Tag 10 Minuten mit dem Fahrrad« als das große, aber auch unbestimmte Ziel »ich möchte sportlich sein«. Der Wunsch, sportlich zu sein, ist zu diffus und zu unscharf definiert und kann daher als Ziel nicht erreicht werden.

Es empfiehlt sich nach entsprechenden Erfolgen diese auch auszukosten und vor sich selbst und anderen sichtbar zu machen – entgegen dem Trend, positive Ergebnisse sofort abzuhaken und sich der nächsten Aufgabe zuzuwenden, über Misserfolge jedoch tagelang zu grübeln und sich zu grämen.

Ähnlich verhält es sich mit Selbstbelohnung und Selbstrespektierung in dem Sinne, sich in jeder Situation ein guter Freund zu sein. Das heißt im Falle eines Misserfolges, sich nicht selbst zu geißeln, zu beschuldigen und zu demütigen, sondern sich selbst so zu behandeln, wie man es von einem guten Freund erwarten würde. »Egal ob du es schaffst oder nicht, hinterher wird auf jeden Fall gefeiert!«

Für vielseitige Kontakt- und Tätigkeitsfelder sorgen
Wer sich ausschließlich über eine Tätigkeit, beispielsweise den Beruf, definiert und darüber hinaus keine Ausgleichsfelder, etwa Hobbys hat, wird in ernstliche Schwierigkeiten geraten, sobald Probleme in diesem Bereich auftreten.

Ähnlich verhält es sich mit zwischenmenschlichen Beziehungen, beispielsweise dem Partner als einziges Kontaktfeld. Abgesehen vom akuten Risiko des Überkontaktes besteht in dieser Konstellation die Gefahr der gegenseitigen oder einseitigen Abhängigkeit. Selbst kleinere Probleme und Differenzen in dieser Verbindung werden so als Bedrohung empfunden.

Ansprüche absenken

Zu hohe Erwartungen an sich selbst rücken Erfolgserlebnisse in weite Ferne. Zu hohe Ansprüche an Ereignisse, Erlebnisse und Personen bergen die Gefahr von Enttäuschungen in sich und verengen das Blickfeld für Unerwartetes und spontane Möglichkeiten. Die Welt wird defizitär, unbelebt und fade. Besser wäre eine Haltung von neugieriger Nullerwartung: »Ich habe jetzt im Moment keinen Anspruch auf Glück und keinen auf Unglück. Mal sehen was passiert.«

Schwierigkeiten als natürlichen Lebensbestandteil aller Menschen anerkennen

Schwierigkeiten und Probleme sind ein natürlicher Lebensbestandteil aller Menschen. Sorgen, Ängste, Unsicherheiten oder negative Phasen deklassieren nicht, sondern sind Teil jeder Person. Somit sind konkrete Probleme nichts Einmaliges, sondern etwas, was man mit vielen Menschen der Gegenwart und Vergangenheit teilt.

Vergangene Sorgen und Probleme sind die Voraussetzung für heutiges Einfühlungsvermögen, Verständnis und Erfahrungswissen, vergangene Krisen die Voraussetzungen für entscheidende Wachstumsschritte.

Sich gemeinschaftsbezogen verhalten

Der Mensch ist ein Gemeinschaftswesen. Deshalb ist er – will er auch nur einigermaßen glücklich und zufrieden sein – auf eine freundliche Resonanz seiner mitmenschlichen Umgebung, auf Anerkennung und die Nähe intimer Bindungen angewiesen (s. auch Kap. 2.2 – 2.4).

Rollenvielfalt anerkennen und Flexibilität gewährleisten

Erfolgreiches Handeln in unterschiedlichen Lebenssituationen erfordert die Fähigkeit, eine Vielfalt verschiedener und gegensätzlicher Rollen einzunehmen (s. auch Kap. 2.2.3).

3. Transaktionsanalyse

Lebensskript und konstruktive
Kommunikationsstrukturen

3.1 Einführung

Die Transaktionsanalyse (TA) wurde von dem kanadischen Psychiater Dr. Eric Berne Mitte der 50er Jahre als sozialpsychiatrische Therapiemethode entwickelt. Bernes ursprünglicher Plan sah eine Erweiterung der psychoanalytischen Theorien um aktuelle Erkenntnisse aus der humanistischen Psychologie, der Kommunikationswissenschaft und Neurophysiologie vor, weshalb er zu einer Zeit des unvergleichlichen Booms der Psychoanalyse in den USA 15 Jahre lang versuchte, anerkannter Psychoanalytiker zu werden. Nach zweimaliger Ablehnung seines Antrages auf Mitgliedschaft in der psychoanalytischen Gesellschaft sah er jedoch schließlich keinen Grund mehr, seine Ideen mit dem psychoanalytischen Modell in Einklang bringen zu müssen und veröffentlichte 1957 die beiden Artikel »Das Ich-Bild« sowie »Ich-Zustände in der Psychotherapie« und führte damit zum ersten Mal sein Persönlichkeitsmodell mit den drei Kreisen, das Markenzeichen der Transaktionsanalyse, ein.

Bernes Ziel einer schnelleren und wirksameren Behandlungsmethode – auch bei schweren psychischen Störungen – fußt auf allgemeinverständlichen, für den Klienten leicht nachvollziehbaren Begriffen und anschaulichen Diagrammen. Sie versetzen ihn in die Lage, eigenverantwortlich bei der Therapie mitzuarbeiten. Damit ist die Transaktionsanalyse eine demokratische Psychotherapie weitgehend ohne Macht-Wissen-Gefälle zwischen Therapeuten und Klienten, was dem Ziel der TA Rechnung trägt: »Ziel der transaktionsanalytischen Therapie und Ausdruck ihrer Idee vom Menschsein ist der autonome Mensch, der sich von den ihm aufgezwungenen Selbsteinschränkungen und Verstümmelungen befreit hat«. [32]

Eine gewisse inhaltliche Verwandtschaft der Transaktionsanalyse lässt sich zum Lebensplan der Individualpsychologie (vgl. Kap. 2.1 und 2.2.3) und dem Drei-Instanzen-Modell der Psychoanalyse (s. Kap. 1.2.1) erkennen.

3.2 Zentrale Begriffe der Transaktionsanalyse: Struktur- und Funktionsmodell

Nach Berne verfügt jeder Mensch unabhängig von seinem Alter und Geschlecht über drei Ich-Zustände: Das Eltern-Ich, das Erwachsenen-Ich und das Kind-Ich. Als Ich-Zustand definiert er dabei ein »zusammenhängendes System von Gedanken und Gefühlen, die mit bestimmten äußeren Verhaltensweisen verbunden sind«[33]

Während das Strukturmodell der Persönlichkeit die drei Ich-Zustände definiert, weist das Funktionsmodell der Persönlichkeit jedem Ich-Zustand weitere Qualitäten zu.

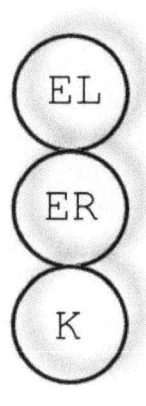

Abb. 6: Das Strukturmodell der menschlichen Persönlichkeit nach Berne

3.2.1 Das Eltern-Ich im Funktionsmodell

Im Verhalten von Eltern und anderen Autoritätspersonen lassen sich zwei grundlegende Komponenten in unterschiedlich starker Ausprägung ermitteln:

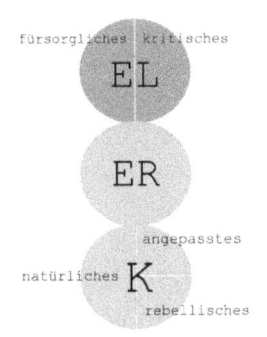

Selbstsorge, Selbstkompetenz, Sozialkompetenz - Praxisorientierte Psychologie

```
        fürsorgliches  kritisches
              EL

              ER
                    angepasstes
         natürliches K
                    rebellisches
```

Abb. 7: Das Eltern-Ich nach dem Funktionsmodell der menschlichen Persönlichkeit.

In Übereinstimmung mit diesen beiden Komponenten spaltet die Transaktionsanalyse das Eltern-Ich auf in einen wohlwollenden/fürsorglichen und einen kritischen Teil.

Das wohlwollende Eltern-Ich
Hat ein Kind fürsorgliche Eltern, entwickelt es ein Eltern-Ich mit sorgsamem Verhalten und wird dieses Verhalten, sofern es sich nicht bewusst dagegen entscheidet, als Erwachsener auch seinen Kindern und Mitmenschen gegenüber zeigen. Hier einige typische Aussagen:

- »Du siehst gar nicht gut aus; soll ich Dir einen Tee kochen?«
- »Nein, nein, ich bin Dir nicht böse wegen der Absage. Ich verstehe Deine Situation sehr gut.«
- »Jetzt beruhige Dich erst einmal, wir werden schon eine Lösung finden.«
- »Ach komm, pfeif auf die Prüfung! Du warst gut vorbereitet, aber wenn der Prüfer derartig unsinnige Fragen stellt ... Außerdem gibt es Wichtigeres im Leben und beim nächsten Versuch klappt es bestimmt!«
- »Oh je, ich weiß ja, wie sehr Du an Deiner Katze gehangen hast.«

Dieses Verhalten reicht von angemessener Anteilnahme bis hin zu völliger Selbstlosigkeit. Weniger graduell als prinzipiell unterscheiden sich die Verhaltensweisen von Menschen, die ihren Kindern und Bezugspersonen die gleichen überbehütenden Grenzen und Einschränkungen setzen möchten, die ihnen gesetzt worden sind, von denen anderer Menschen, die durch Fürsorge eine Form der Abhängigkeit erzielen möchten:

- »Weißt Du was, ich rede mit Vater darüber. Ich weiß ja, wie schwer Dir das fällt.«
- »Mach Dir keine Sorgen, ich regle das für Dich.«
- »Was machst Du denn da ...? Oh je, lass es lieber mich machen.«
- »Das kannst Du doch nicht machen, als Frau allein in die Türkei zu fliegen; das ist viel zu gefährlich!«
- »Was? Bei dem Wetter willst Du mit dem Auto fahren!?«

Das kritische oder voreingenommene Eltern-Ich
Das Eltern-Ich ist üblicherweise besetzt mit Ansichten über Moral, Ethik, Religion, Lebensweise, Tradition und all den Facetten der Rollenbilder aus Kultur und Familie. Solange diese zuweilen realitätsfremden, einschränkenden und irrationalen Ansichten vom Erwachsenen-Ich nicht überprüft werden und damit unbestätigt bleiben, können sie als voreingenommen gelten.[34] Hier einige Beispiele:

- »Für die Kindererziehung sind immer Frauen zuständig!«
- »Wenn Du Deine Gefühle zeigst, werden die anderen das zu ihrem Vorteil ausnutzen!«
- »Das Wichtigste ist ein sicherer Job und ein gutes Einkommen!«
- »Wenn Du krankgeschrieben bist, musst Du auch im Bett bleiben!«
- »Kinder sollte man sehen, nicht hören!«
- »Was *ich* sage, zählt!«

Diese beschriebene Voreingenommenheit und mentale Enge verbinden sich gemeinhin mit einer kritischen Sichtweise der Umgebung und münden in Kritik ohne konstruktiven Nutzen. Sie ist zum Teil widersprüchlich – was sich auch am Verhalten des Kritisierenden feststellen lässt – und sorgt beim Kritisierten in der Regel für eine selbstabwertende Haltung, zumindest aber für Irritation und Verwirrung.

- »Du rennst herum wie ein Penner. Man geht nicht in zerrissenen Jeans aus dem Haus!«
- »Das zu sagen oder auch nur zu denken ist eine Sünde ...!«
- »Du machst wirklich alles falsch!«
- »Ich wünschte, Du wärst nicht geboren worden!«
- »Du hast nichts als Flausen im Kopf. Mach lieber etwas Vernünftiges!«
- »Wofür brauchst Du denn ein Fahrrad? Du machst doch ohnehin alles kaputt!«
- »Du mit Deinem sinnlosen Gekritzel!«
- »Wenn Du so weiter machst, endest Du als Straßenkehrer!«
- »Nimm Dir ein Beispiel an Stefan: ist immer freundlich und gut gelaunt und schreibt nur gute Noten. Und was machst Du ...!?«

Die Grundaussage dieser voreingenommenen Kritik ist: Ich bin okay, Du bist nicht okay.

Ist die Kritik aus dem Eltern-Ich jedoch angemessen, konstruktiv und sachlich, vermittelt sie die Grundposition: Ich bin okay, Du bist okay. Eine solche kritische Stellungnahme dient durch angemessene Grenzsetzung dazu, das Gegenüber zu schützen und dessen Entwicklung gezielt zu fördern. Sie bezieht sich konstruktiv auf eine problematische, möglicherweise für ihn oder andere Personen schädliche Verhaltensweise, gibt Orientierung und/oder zeigt Handlungsbedarf auf.

- »Du bist wohl verrückt geworden: mit Deinen 16 Jahren ohne Führerschein Auto zu fahren!«
- »Ich fürchte, Du hast Elisabeth mit dem, was Du gesagt hast, ziemlich verletzt. Was hältst Du davon, Dich bei ihr zu entschuldigen?«
- »Nein, tut mir leid. Du bleibst heute Abend zu Hause und lernst für die morgige Klausur!«
- »Ich mache mir Sorgen, dass Du Deinen Job verlieren könntest, wenn Du weiterhin so trinkst.«
- »Du bist mit Deinen 12 Jahren noch zu jung, um bei Deinem Freund zu übernachten.«
- »Ich muss schon sagen: So wie Sie Ihre Arbeit gemacht haben – einfach

einwandfrei. Es gibt nicht das Geringste zu sagen, im Gegenteil. Ich weiß, Sie haben sich engagiert und man kann eigentlich nur froh sein, einen Mitarbeiter wie Sie zu haben. Aber da ist jetzt etwas passiert, da müssen wir darauf achten, dass es nicht mehr vorkommt ...«

3.2.2 Das Kind-Ich im Funktionsmodell

Berne verglich die Inhalte der Ich-Zustände gern mit Tonbandaufzeichnungen. Während sich im Eltern-Ich Aufzeichnungen äußerer menschlicher Einwirkungen befinden, enthält das Kind-Ich Aufzeichnungen innerer Vorgänge. Dabei handelt es sich um eine Sammlung darüber, wie das Kind seine eigenen Impulse bis etwa zum 5. Lebensjahr erlebt hat, wie es die Welt erfahren hat, wie es die erfahrene Welt empfand und sich ihr angepasst hat. Während dieser Zeit verfügt der Mensch nur über sehr begrenzte sprachliche Mittel und viele Erlebnisse sind ihm rational nicht zugänglich. Deshalb bestehen die Aufzeichnungen im Kind-Ich vorwiegend aus Emotionen, oftmals Gefühlen der Hilflosigkeit, die der erwachsene Mensch in Situationen völliger Überforderung wiedererlebt.[35]

Im Folgenden die drei Bereiche des Kind-Ichs:

fürsorgliches   kritisches
EL

ER

angepasstes
natürliches K
rebellisches

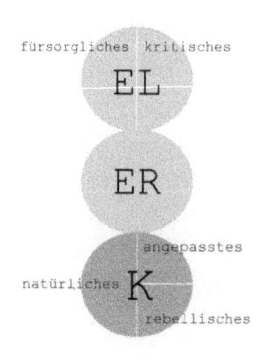

Abb. 8: Das Kind-Ich im Funktionsmodell

Das natürliche oder freie Kind-Ich

Dem natürlichen oder freien Kind werden folgende Eigenschaften zugeschrieben: liebevoll, sinnlich, impulsiv, neugierig, phantasievoll, aber auch unzensiert, rücksichtslos und hemmungslos.

Die britische Autorin Dorothy J. Jongeward schreibt: «Ein Säugling ist schamlos sinnlich. Er genießt lustvolle Gefühle wie das Herumrollen auf einer Decke, Wasserplanschen, die wärmende Sonne, Daumenlutschen, das Kauen an seiner Decke, lustvolles Schlürfen an der Flasche. Er erkundet seinen Körper und ist oft entzückt von dem, was er entdeckt. Er ist ohne einen inneren Zensor, der `Nein` sagen könnte.«[36]

Äußerungen des freien Kind-Ichs wären etwa:

- »Deine neue Hose steht Dir leider überhaupt nicht!«
- »Toll! Die Sonne kommt durch. Komm, lass uns schwimmen gehen.«
- »Du gefällst mir!«
- »Ich habe eine Idee: Wieso funktionieren wir nicht die große Matratze zu einem Wasserbett um?«
- »Ist mir gleich, ob ich es versprochen habe oder nicht. Ich habe jetzt keine Lust!«

Das rebellische Kind-Ich

Die Äußerungen des rebellischen Kind-Ichs sind reaktiv. Es wehrt sich gegen Anforderungen, die seinen eigenen Wünschen widersprechen, und kann sich abgrenzen. Es ist stur, jähzornig, trotzig, bockig und zeigt das gesamte Repertoire kindlicher Unmutsäußerungen:

- »Mach Dein Zeug doch selbst!«
- »Wie bitte? Wie viel soll das kosten?«
- »Du kannst mich mal!«
- »Wieso bitte ich schon wieder!?«

Das angepasste Kind-Ich

Unmittelbar nach der Geburt ist der völlig hilflose Säugling gezwungen, sich den Forderungen der äußeren Umgebung anzupassen. Aufgrund positiver

Reaktionen und freundlicher Zuwendungen aus seiner Umgebung (Lächeln, zärtliche Berührungen) erkennt er, welche seiner Verhaltensweisen erwünscht sind. Kühle oder ablehnende Reaktionen kann er wegen des noch kaum ausgebildeten Erwachsenen-Ich nicht einordnen. Sie stürzen ihn in tiefe Verzweiflung, er fühlt sich existentiell bedroht.[37]

Das heranwachsende Kind wird deshalb unbedingt versuchen, das elterliche Wohlwollen zu erhalten, auch wenn es dabei eigene Impulse unterdrücken muss. Auf diese Weise entsteht mit der Zeit ein auf kindlicher Interpretation des elterlichen Verhaltens beruhendes Wertesystem, das angepasste Kind-Ich.

Während eine gewisse Anpassung natürlicher Impulse für sozial akzeptables Verhalten notwendig ist, neigen manche Eltern zu einer übertrieben repressiven Erziehung, wodurch das Kind seine Fähigkeit zum eigenständigen Empfinden verlieren kann und auf diese Weise auch zur Neugier, zum kreativen Ausdruck sowie zum Empfangen und Geben von Zuneigung. Typischerweise fällt es diesen Kindern schwer, sich zu entscheiden und zu widersprechen. Sie neigen dazu, sich in Phantasiewelten oder einsame Aktivitäten zurückzuziehen und sich innerlich zu verschließen, weil sie sich einer direkten Auseinandersetzung mit ihrer Umgebung nicht gewachsen fühlen.

Eine andere Möglichkeit, direkten Auseinandersetzungen aus dem Weg zu gehen, ist das Zaudern. Ein »ja, gleich« ermöglicht das kompromisshafte Umsetzen zweier widersprüchlicher Impulse, nämlich des Impulses aus dem angepassten Kind-Ich, die herangetragenen Wünsche zu erfüllen, und des Impulses aus dem rebellischen Kind-Ich, dies nicht zu tun.

Eine subtilere Methode der Anpassung stellen Ersatzgefühle dar. Dazu zählen alle Gefühle, die kein spezifisches Ziel verfolgen und keinen eindeutigen Handlungsimpuls geben können wie dies beispielsweise bei einer depressiven Verstimmung der Fall ist. Trauer hätte den Handlungsimpuls des Abschiednehmens. Eine depressive Verstimmung hingegen kann in einer spezifischen Situation das Ersatzgefühl für Zorn, etwa gegen die Eltern, sein.

Der Kunstgriff besteht auch hier wieder im kompromisshaften Ausleben der Impulse des angepassten Kind-Ichs (»immer schön brav sein«) und des rebellischen Kind-Ichs (»euch werde ich es zeigen!«), das die angesichts der hartnäckigen depressiven Verstimmung des Kindes völlig ratlosen Eltern auf diese Weise bestrafen kann.

Typische Äußerungen aus dem angepassten Kind-Ich beginnen mit »man«, beispielsweise »man soll immer die Wahrheit sagen.«

3.2.3 Das Erwachsenen-Ich im Funktionsmodell

Sind es im Eltern- und Kind-Ich vor allem ungeprüft abgespeicherte Denk-, Fühl- und Handlungsmuster, die in entsprechenden Situationen überwiegend unbewusst wiedererlebt werden, so sind es im Erwachsenen-Ich eigene, an der reellen Umgebung gediehene Lernerfahrungen.

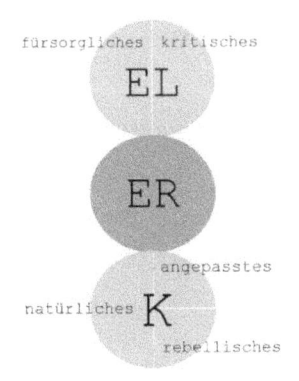

Abb. 9: Das Erwachsenen-Ich im Funktionsmodell

Im Laufe seiner Entwicklung entdeckt das heranwachsende Kind, dass es durch Initiative und den Gebrauch seines Verstandes auch ohne fremde Hilfe in der Lage sein kann, Schwierigkeiten zu bewältigen und verzwickte Situationen zu meistern. Abhängig davon, inwieweit diese Regung von den Bezugspersonen durch Lob, gezielte Förderung und Zulassen von Autonomie unterstützt wird oder ob sie Fragen des Kindes eher als lästig empfinden, ihm wenig zutrauen und es durch zu schwierige Aufgaben entmutigen,

wird sich der Erwachsenen-Ich-Anteil in der Persönlichkeit des Kindes mehr oder weniger stark ausbilden und verfügbar sein.
Das Erwachsenen-Ich zeichnet sich aus durch pure Rationalität. Es bewertet die gegenwärtige Situation, setzt die gewonnenen Daten mit vorhandenem Wissen sowie vergangenen Erfahrungen in Bezug und erarbeitet verschiedene Lösungsansätze, welche es wiederum den wahrscheinlichen Konsequenzen gegenüberstellt, um schließlich zu einer Lösung zu gelangen, die im Falle des Misslingens aufgrund der hinzu gewonnenen Erkenntnisse modifiziert wird. Hier einige Beispiele:
- »Ich wäre dafür, nach dem Weg zu fragen, ehe wir auf gut Glück irgendeine Richtung einschlagen.«
- »Hmm, hast Du es schon einmal mit neuen Zündkerzen probiert?«
- »Wenn ich Dich richtig verstanden habe, geht es eigentlich nicht darum, dass ich Deinen Teppich schmutzig gemacht habe, sondern generell, dass Du Dir mehr Rücksichtnahme von mir wünschst.«

In Verbindung mit dem natürlichen Kind-Ich kann das Erwachsenen-Ich äußerst kreative Lösungen entwickeln.

3.3 Analyse von Transaktionen

Transaktionen im Rahmen zwischenmenschlicher Kommunikation setzen sich aus einem Stimulus, einem Reiz vom Sender und einer darauf bezogenen Reaktion vom Empfänger zusammen. Sie dienen dazu, verbale oder nonverbale Botschaften zu übermitteln und zu beantworten. Bei der Analyse von Transaktionen geht es darum festzustellen, welcher Ich-Zustand sendet und an welchen Ich-Zustand die Sendung gerichtet ist sowie darum, welcher Ist-Zustand die Botschaft empfängt und welcher antwortet. Der Verlauf eines Gespräches hängt vor allem davon ab, ob die Reaktion vom tatsächlich erwarteten Ich-Zustand kommt.
　Berne unterscheidet zwischen komplementären (= parallelen), gekreuzten und verdeckten Transaktionen.[38]

3.3.1 Komplementäre Transaktionen

Eine komplementäre (= parallele) Transaktion liegt vor, wenn die Reaktion aus dem angesprochenen Ich-Zustand erfolgt.

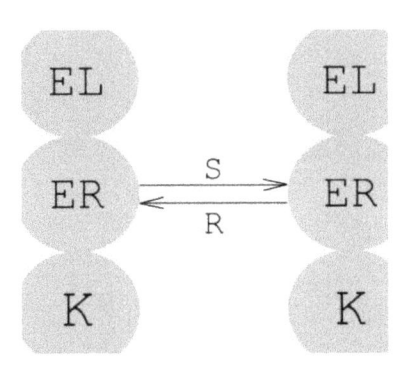

Abb. 10: Komplementäre Transaktion auf der Erwachsenen-Ebene

Stimulus: »Wann startet morgen unser Flugzeug?«
Reaktion: »Um 9.55 Uhr.«

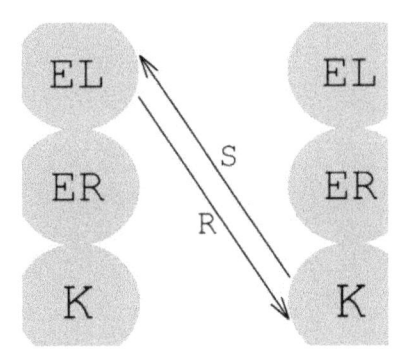

Abb. 11: Komplementäre Transaktion zwischen Erwachsenen- und Kind-Ebene

Stimulus: »Können Sie das Kopierpapier nicht sofort nachfüllen?«
Reaktion: »Ich habe ja schließlich noch anderes zu tun!«

Bei komplementären Transaktionen läuft die Kommunikation flüssig und kann prinzipiell unbegrenzt lange dauern, womit jedoch nicht die Qualität des Austausches beschrieben ist.

3.3.2 Gekreuzte Transaktionen

Bei der gekreuzten Transaktion beantwortet der Gesprächspartner den Stimulus aus einem vom Sender nicht angesprochenen Ich-Zustand.

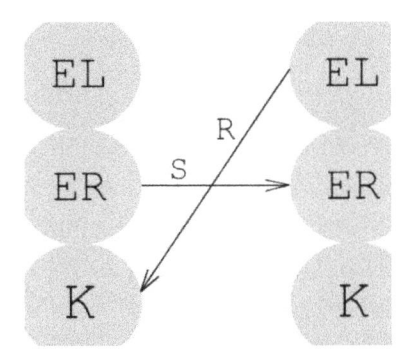

Abb. 12: Nicht beabsichtigte gekreuzte Transaktion zwischen Erwachsenen- und Kind-Ebene

Stimulus: »Weißt Du vielleicht, wo ich meine Brille liegen gelassen habe?«

Reaktion: »Mit ein bisschen mehr Ordnung müsstest Du nicht dauernd nach ihr suchen!«

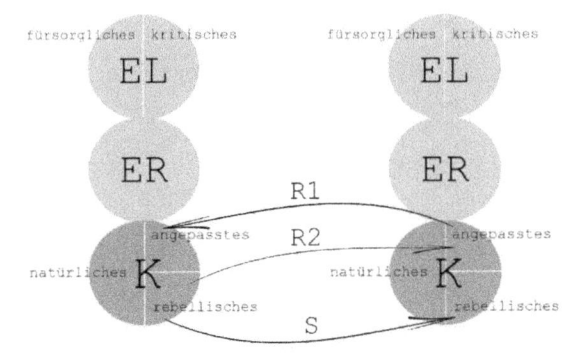

Abb. 13: Nicht beabsichtigte gekreuzte Transaktionen

Stimulus: »Mir macht die Arbeit keinen Spaß mehr. Ist zwar viel zu früh, doch hat unser Chef es auch nicht anders verdient. Soll er doch sehen, wer die Arbeit macht. Kommst Du mit?«

1. Reaktion: »Man kann aber doch nicht einfach so gehen, wir werden doch bezahlt. Warte noch kurz ...«
2. Reaktion: »Dann lass es doch bleiben. Ich wusste ja, dass Du ein Angsthase bist.«

Hierbei kommt es üblicherweise zu Irritationen, unguten bzw. aggressiven Gefühlen oder einer überraschenden Wendung im Gespräch.

Gekreuzte Transaktionen beenden also die einvernehmliche Kommunikation und/oder ändern das Thema. Dieser Umstand kann – bewusst eingesetzt – auch konstruktiv dazu genutzt werden, den Gesprächspartner gegebenenfalls zu einem Ich-Zustands-Wechsel einzuladen, um so dem Gespräch einen angenehmeren und produktiven Verlauf zu verleihen. Wichtig ist dabei aber, die Sendung zunächst mit dem erwarteten Ich-Zustand zu beantworten, um anschließend z.B. das Erwachsenen-Ich als problemlösende Instanz einzuschalten und auf diese Weise die Situation neu zu beleuchten (s. Abb. 15).

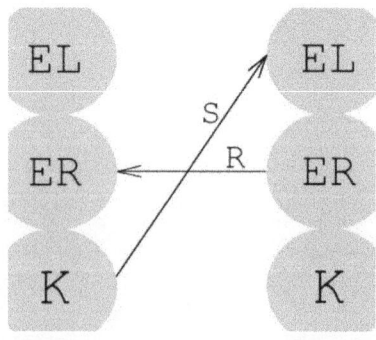

Abb. 14: Bewusst eingesetzte gekreuzte Transaktion.

Stimulus: »Ich kann nicht mehr. Ich schaffe es einfach nicht. Alles hat sich gegen mich verschworen, es ist ausweglos und außerdem geht es mir so schlecht ...«

Reaktion: »Hört sich ja wirklich schlimm an, was Du da sagst. Aber erzähl mal, was ist denn genau passiert?«

3.3.3 Verdeckte Transaktionen

Von verdeckten Transaktionen spricht man, wenn vom Sender mehr als ein Ich-Zustand des Empfängers angesprochen wird. Der Empfänger kann aus einem der beiden angesprochenen Ich-Zustände oder aus beiden zugleich antworten.

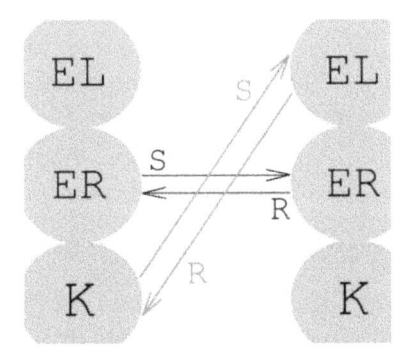

Abb. 15: Verdeckte Transaktion, jeweils parallel zwischen Erwachsenen-Ich sowie zwischen dem angepasstem Kind-Ich und dem wohlwollenden Eltern-Ich.

Stimulus (soziale Ebene): »Ich habe die gleiche Richtung. Was dagegen, wenn ich Sie ein Stück begleite?«

Reaktion (psychologische Ebene): »Nein, ganz im Gegenteil. Ich habe nichts gegen ein wenig Unterhaltung auf dem Weg.«

Stimulus (psychologische Ebene): »Du gefällst mir.«

Reaktion (soziale Ebene): »Du gefällst mir.«

3.3.4 Duplex-Transaktionen

Bei doppelt verdeckten oder Duplex-Transaktionen werden vom Sender und Empfänger jeweils zwei Ich-Zustände angesprochen, es sind also insgesamt vier Ich-Zustände beteiligt.

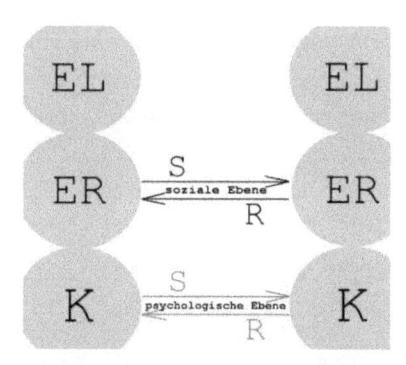

Abb. 16: Duplex-Transaktion, jeweils parallel zwischen Erwachsenen-Ich sowie zwischen freien Kind-Ich.

Der auf der offenen oder sozialen Ebene vermittelte Inhalt wird gewöhnlich vom Erwachsenen-Ich getragen. Zugleich verläuft auf der verdeckten oder psychologischen Ebene der eigentliche Austausch der beiden Kind-Ichs, welche auch den Ausschlag dafür geben, was sich bei dieser Unternehmung ereignen wird, sofern das kritische Eltern-Ich nicht an irgendeiner Stelle – meist dann, wenn die wirksame psychologische Ebene offenkundig wird – blockierend eingreift.

Die Botschaft auf der sozialen Ebene wird verbal vermittelt, die der psychologischen nonverbal über Betonung, Stimme, Körperhaltung, Mimik und Gestik; folglich differieren hier – im Unterschied zur komplementären Transaktion – verbale und nonverbale Botschaften.

3.4 Das Lebensskript

Beim Lebensskript oder Lebensdrehbuch handelt es sich um eine Ansammlung von Entschlüssen zur Rolle der eigenen Person als Reaktion auf primär elterliche Botschaften. Diese werden von dem in den ersten Lebensmonaten noch wort- und begrifflosen Kind zunächst intuitiv, später auch verbal wahrgenommen und zu einem Bild über sich selbst, die eigene Funktion in dieser Welt und den erwarteten Verlauf des Lebens zusammengesetzt. Das Skript entsteht unter dem Einfluss über Jahre wiederholt einwirkender Botschaften sowie einmaliger, emotional einprägsamer Ereignisse, so genannter Schlüsselerlebnisse.

Im Laufe der Jahre entwickelt der heranwachsende Mensch auf diese Weise klare Vorstellungen über sich selbst, die ihn umgebenden Menschen, seine eigene Position und seinen Wert im Verhältnis zu seiner Umgebung sowie über das, was er im Leben zu erwarten hat, und möchte diesen auch stets gerecht werden.

Ein Lebensskript setzt sich zusammen aus:

- den seit der Geburt empfangenen Bannbotschaften, auch »Stopper« genannt, weil sie bestimmte Entwicklungsrichtungen blockieren,
- dem gelebten Beispiel der Eltern, dem »Programm«, sowie
- den Gegeneinschärfungen, auch »Antreiber« genannt.

3.4.1 Stopper – Bannbotschaften

»Gehen wir von der Tatsache aus, dass es neben den segensreichen und wachstumsnotwendigen guten auch ausgesprochen böse, bedrohliche und verhängnisvolle Botschaften gibt. Diese legen sich auf die kindliche Seele wie Raureif auf zart sprießende Keime und hemmen weiteres Wachstum, sie wirken wie ein Zauberfluch im Märchen, der alles Leben und Treiben in eisige Starre bannt, und deshalb sprechen wir von Bannbotschaften.

Nicht dass das Lebewesen daran gleich zugrunde gehen würde, aber in der Richtung, in der sich die Bannbotschaft auswirkt, gibt es kein weiteres Wachstum, sondern es gibt Verwachsungen.«[39]

Die Entwicklung bleibt also zu dem Zeitpunkt und auf dem Niveau stehen, zu dem der »Bann« ausgesprochen wird. Dies geschieht in der Regel in der frühen Kindheit, weshalb der betroffene Mensch nicht in der Lage sein wird, seinem Alter angemessen zu handeln und sich etwa adäquat um Nähe oder Zärtlichkeit zu bemühen. Da es sich dabei jedoch um lebenswichtige Grundbedürfnisse handelt, wird er gezwungen sein, sich diese auf neurotischem Wege (»Verwachsungen«) zu erfüllen.

Im Folgenden eine Auswahl an Bannbotschaften.

»Sei nicht ...!«

»Sei nicht« verkörpert die gravierendste aller Bannbotschaften. Sie stellt das Wohlwollen der Eltern und damit die Existenzgrundlage des völlig hilflosen Kindes in Frage. Was verbirgt sich dahinter?

- Gespanntes, genervtes, angestrengtes Gesicht oder mühseliges Stöhnen und Seufzen beim Stillen, Baden, Wickeln, Füttern. Unbeteiligtes Halten des Kindes ohne Kommunikation, Ansprache, Zuwendung, Anschmiegen, Streicheln, Wiegen. Anschnauzen, abweisendes Verhalten, wenn das Kind Versuche der Annäherung unternimmt oder Wünsche äußert. Schlagen, Quälen, Drangsalieren. Das sind klare Botschaften mit der Aussage: »Besser, Du wärst nicht hier.«
- Ebenso verbale Äußerungen der Eltern wie »Wenn ich dich nicht bekommen hätte, hätte ich mein Studium abschließen können« oder zu

Dritten: »Eigentlich wollten wir gar kein Kind mehr, aber nun ist es halt da ...«.

Die konsequente Umsetzung dieser Botschaft wäre der Suizid: direkt oder auch indirekt über eine ungesunde Lebensführung, Verweigerung medizinischer Hilfe bei bedrohlichen Erkrankungen, Drogen, Alkohol, Arbeit, riskante Unternehmungen. Zumeist entsteht aber eine Mischung aus tiefem Groll und verzweifelter Liebe zu der »Sei nicht«-Bezugsperson. Diese Beziehungsmuster – abgewiesen, misshandelt werden – setzen sich häufig in späteren Beziehungen mit analog ausgewählten Partnern fort.

Psychotische Ausprägungen sind Störungen in der Selbstwahrnehmung, kombiniert mit selbstverletzenden Tendenzen.

»Komm mir nicht zu nahe!«
Außerordentlich wichtig für die Entwicklung der Persönlichkeit ist die Art und Weise, wie im Elternhaus Zuwendung, vor allem körperliche Berührung, ausgetauscht wurde.

Konnte ein Kind mit seinen Eltern schmusen und liebevolle Zärtlichkeit im Umgang der Eltern miteinander erleben, wird es später ebenso in der Lage sein, Wärme und Zärtlichkeit freudig und ohne Hemmungen zu geben, zu empfangen und menschliche Nähe als beglückendes Erlebnis genießen und vermitteln können.

Wer mit seinen Annäherungen bei seinen Eltern auf ausweichendes Verhalten, Flucht und Ablehnung gestoßen ist, wird sich später ab einem gewissen Grad von Nähe unbehaglich fühlen, sich verkrampfen und versuchen, Distanz zu schaffen; entweder durch entsprechende Gesten und Bemerkungen oder durch reelle Flucht.

Das Kind kann sich diesen »Bann« – bedingt durch schmerzliche Verluste, etwa der Trennung von einer geliebten Person – auch selbst auferlegen. Es will damit weitere, ähnlich schmerzhafte Erlebnisse vermeiden.

»Nimm Dich nicht wichtig!«
Jeder Mensch braucht das Bewusstsein des eigenen, zunächst einmal von äußeren Umständen unabhängigen Wertes in seinem Entwicklungsumfeld.

Ist ihm dies sicher, empfindet er andere nicht als Bedrohung und ist in der Lage, diese in ihrer Würde und Eigenart sowie mit all ihren Fähigkeiten anzuerkennen. Haben Menschen dieses Bewusstsein nicht und erleben sich als wertlos, fällt es ihnen schwer, die Eigenart anderer zu respektieren. Bei Eltern äußerst sich das gegenüber ihrem Kind dann z.B. so: »Halt den Mund, wenn Erwachsene sich unterhalten!«, »Du isst, was auf den Tisch kommt!«, »Verschwinde!«, »Ach, sei doch *Du* ruhig!«, »Störe mich nicht immer!«, »Nein, ich hab wirklich Wichtigeres zu tun!«, »keine Zeit!«

Wer die Botschaft »nimm dich nicht wichtig« für sich annimmt, wird später große Mühe haben, seine eigenen Bedürfnisse durchzusetzen. Er wird zur Unterordnung neigen, sich selbst vernachlässigen, ein »Aschenputteldasein« führen und gegebenenfalls in völliger Selbstaufgabe helfende Berufe ausüben. Weil dieser Mensch nicht seiner Persönlichkeit gemäß leben und Impulse und Bedürfnisse nicht angemessen ausleben und befriedigen kann, verwendet er seine Energie auf Fassadenpflege – z.B. ein großes Haus, einen 100%ig gepflegten Garten, ein teures und schnelles Auto oder einen Titel – um seine Umwelt trotzdem von seinem Wert zu überzeugen.

»Sei kein Kind!«

Mit der Aufforderung »Sei kein Kind«, »sei nicht so kindisch!«, »es gibt Wichtigeres, zum Beispiel Arbeit, Schule!«, »sei stark!«, »Du bist doch schon groß!« werden die gesunden Bedürfnisse eines Kindes nach Spiel, Ausgelassenheit, kindlicher Neugier und Unterstützung abgewertet und unterdrückt sowie eine altersspezifische Verantwortungsübernahme der Eltern verweigert. Das Kind hört die Botschaft und verinnerlicht sie, dass mit seinem Verhalten etwas nicht in Ordnung sei. Zudem nimmt es die Botschaft wahr, dass sich »Spielen und Genießen« nicht gehören. Verstärkt wird dies durch den Missbrauch eines Kindes als Partnerersatz oder das zu frühe Aufbürden von Verantwortung für Geschwister.

Ein auf diese Weise präparierter Mensch wird sich später für jede kindliche Anwandlung genieren. Er kann sich kaum freuen und wirkt im Kreise ausgelassener Menschen gezwungen, formal und verklemmt. Seine Äußerungen kommen überwiegend aus dem Erwachsenen-Ich oder dem kritischen Eltern-Ich. Er gilt als humor- und phantasielos und enttäuschend nüchtern.

»Nur wenn Du krank bist, verdienst Du Beachtung«

Macht das Kind die Erfahrung, dass es in einer kühlen und leistungsorientierten Umgebung besondere Beachtung und Zuwendung bekommt, wenn es ihm gesundheitlich nicht gut geht, lernt es, krank zu werden, um so die (elterliche) Aufmerksamkeit und Sorge ganz für sich zu haben. Möglicherweise lernt es auch, die Krankheit als Vermeidungstaktik einzusetzen.

Hat sich dieser Automatismus einmal etabliert, wird der erwachsene Mensch später ebenfalls Krankheiten dazu verwenden, seine Mitwelt auf sich aufmerksam zu machen, bestimmte Vorteile zu erreichen oder unangenehmen Anforderungen zu entgehen.

»Erfolg führt zu nichts«

Der Vater kämpft seit Stunden mit dem Videorecorder, blättert hektisch im Handbuch; die Einstellung gelingt nicht. Der 12-jährige Sohn kommt nach Hause, überblickt die Lage, dann ein paar Handgriffe und die Einstellungen sind erledigt. Der Sohn freut sich über seinen Erfolg und erwartet auch vom Vater entsprechende Freude und Lob; doch der zieht sich ärgerlich zurück.

Gesellen sich zu der mangelnden Beachtung von Erfolgen noch außergewöhnliche Zuwendungen und Aufmerksamkeiten in Situationen des Scheiterns, interpretiert sie der Heranwachsende möglicherweise als Anweisung: »Anstrengung lohnt sich nicht. Es ist egal, ob Du etwas kannst oder nicht«, »Erfolg führt zu nichts«, »Schaffe es nicht«. So beginnt er vielleicht diverse Tätigkeiten, ohne sie zu Ende zu führen, beendet das Studium kurz vor dem Abschluss, beginnt das Spielen verschiedener Instrumente und gibt wieder auf.

»Tu es nicht!«, »Das kannst Du sowieso nicht«

Der Entdeckungsdrang eines Kindes ist enorm. Die gesammelten Eindrücke und Erkenntnisse über seine Umgebung sind für seine Entwicklung von großer Wichtigkeit. Im Zuge dieser »Expeditionen« kann es indessen noch nicht die reellen Gefahren abschätzen, weshalb dies üblicherweise die Eltern für das Kind übernehmen und es ermahnen, warnen, vor Bedrohung schützen und entsprechend einschreiten.

Überängstliche Bezugspersonen übertreiben diesen Schutz und hindern so das Kind an einer gesunden Entwicklung zur Eigenständigkeit sowie zur angemessenen Portion Mut, um unbekannten Situationen entgegenzutreten und diese in Angriff zu nehmen. Oft werden zum »Schutz des Kindes« auch noch irrationale Ängste durch falsche Tatsachen und Halbwahrheiten geschürt. Die Folgen sind das angstvolle Vermeiden neuer und fremder Situationen und damit von persönlichem Wachstum, eine ausgesprochene Entscheidungsschwäche oder die Neigung, sich übermäßig abzusichern oder es gar nicht erst zu versuchen, weil man es ohnehin nicht kann.

»Du allein bist nicht genug«
Hierbei handelt es sich um eine Botschaft der bedingten Annahme, kennzeichnend etwa für leistungsorientierte Kulturen. Das Kind bekommt verinnerlicht: »Wir mögen und akzeptieren Dich, wenn ...«. Wenn es also brav ist, den Mund hält, den Erwachsenen nicht ärgert, gute Noten schreibt und es überhaupt so macht, wie sich die Eltern das vorstellen, dann wird es angenommen und geliebt.

Das Kind erfährt, dass es nicht aufgrund seines Daseins wertvoll und liebenswert ist. Es bekommt seinen Wert von außen zugeschrieben, unweigerlich geknüpft an mehr oder weniger vernünftige und erfüllbare gesellschaftliche oder elterliche Maßstäbe. Es hört kränkende Vergleiche wie »Schau dir Linda an. Die ist immer lieb, fröhlich, offen und ehrlich zu ihren Eltern« oder gezielte Andeutungen mit entsprechendem Stimmfall »Hast du schon gehört, was Alexander jetzt macht?!«

Der so erwachsen gewordene Mensch wird von einer dauernden Rastlosigkeit und einer permanenten Unbefriedigtheit getrieben werden, auf der Suche nach Möglichkeiten, seinen Wert zu untermauern. Hat er eine Aufgabe erfolgreich durchgeführt und ein Ziel erreicht, kann er das Resultat nicht auskosten, sondern muss sofort weiter zur nächsten Gelegenheit, das eigene Selbstwertgefühl zu stützen.

Er wird in seiner Selbstwahrnehmung ebenso abhängig sein vom Urteil anderer wie er seine Taten danach ausrichtet und dabei eigene Wünsche vernachlässigt. In schwierigen Situationen – meist Situationen, in denen er seine eigenen Wünsche vertreten müsste – wird dieser Mensch von ihm als reell empfundene, tatsächlich aber irreale Makel als Vermeidungsgrund und Entschuldigung für sein Ausweichen heranziehen.

3.4.2 Antreiber – Kurskorrektoren

Nach den »Stoppern« bzw. »Bannbotschaften« folgt eine zweite Serie von Botschaften: die »Antreiber« oder »Kurskorrektoren«. Noch ehe das Kind wirksame Kompensationsmechanismen ausgebildet hat, stellen die Eltern fest, dass mit ihm etwas nicht stimmt: »Warum ist unser Kind so gehemmt, schüchtern, verschlossen, aggressiv, unfrei?« Sie beschließen, dem Sohn oder der Tochter zu einer Kurskorrektur zu verhelfen und kommentieren das unerwünschte Verhalten des Kindes mit einer Art »Gegenzauber«. Diese oberflächlichen Wegweiser können im einen oder anderen Fall den augenscheinlichen Zustand des kleinen Menschen verbessern, wirken jedoch oft noch verschärfend. Jedenfalls sind sie besser greifbar, verständlich und erinnerbar als die in einem verworrenen Gefühlswald versteckten Bannbotschaften, und ihre Aussagen sind üblicherweise verbal und eindeutig.

Auch das mit seinem eigenen Verhalten unzufriedene Kind selbst kann sich entsprechende Kurskorrekturen, oft nach dem Vorbild einer Idol- oder Heldenfigur, vornehmen.

Einige typische Kurskorrektoren sind im Folgenden aufgeführt.

»Sei stark!«

»Sei stark« heißt im Grunde »Zeige keine Gefühle, missachte und verleumde sie. Trage eine Maske.« Scheinbare Zeichen von »Schwäche« werden indirekt durch Ironie bzw. Spott oder direkt sanktioniert. Die Botschaft lautet: Beiße die Zähne fest zusammen, Du musst da durch, bis zum bitteren Ende! Was sein muss, muss sein! Gib Dir keine Blöße, bewahre Haltung. Sei ein Vorbild! Greife hart durch. Stehe am besten alles allein durch und weiche keinen Schritt zurück! Ein Mann, ein Wort!

Dieses Korrektiv wirkt als verschlimmernde Ergänzung zu »Nimm Dich nicht wichtig« und »Sei kein Kind«.

»Sei perfekt!«

»Sei perfekt« bedeutet »sei fehlerfrei, sonst bist du nicht akzeptabel.« Mit Aussagen wie »Gib keine Ruhe, bis alles restlos perfekt und vollkommen ist« stellt diese Forderung eine Eintrittskarte in zwanghaftes Verhalten dar und wirkt verschärfend auf »Sei kein Kind«, »Erfolg führt zu nichts«, »Tu es nicht«, »Das kannst Du sowieso nicht« und »Du allein bist nicht genug«. Es zeigt dem »Nimm-Dich-nicht-wichtig«-Kandidaten eine Möglichkeit auf, über perfekte, absolut fehlerfreie Leistung die ersehnte Geltung und Bedeutung zu erwerben.

»Mach es mir recht!«
Hinter dem Satz »Mach es mir recht« steht die Aussage: »Ich bin stärker, wichtiger und mächtiger als Du. Darum sorge dafür, dass ich dir wohl gesonnen bin, sonst passiert etwas Unerfreuliches für Dich«. Dabei handelt es sich um einen Wegweiser zur Fremdbestimmtheit und Aufgabe von Autonomie. Das innere Wohlbefinden steht und fällt mit den positiven oder negativen Signalen aus der mitmenschlichen Umgebung. Typische Gedanken des Betroffenen sind: »Was denkt mein Gegenüber gerade?«, »Was er jetzt wohl gern machen würde?«, »Ob er verärgert ist?«, »Was habe ich jetzt wieder falsch gemacht?«

Negative Ergänzungen zum Antreiber »Mach es mir recht!« sind die Stopper »Nimm Dich nicht wichtig« und »Tu es nicht« bzw. »Das kannst Du sowieso nicht«.

3.5 Das Kernziel der Transaktionsanalyse

Kernziel der Transaktionsanalyse ist das Erringen von Autonomie. Für Berne setzt sich Autonomie aus folgenden drei Fähigkeiten zusammen: Bewusstheit, Spontaneität und Intimität. Er schreibt: »Für einige glückliche Menschen gibt es nämlich etwas, das sich über alle systematischen Verhaltensarten erhebt, und das ist die Bewusstheit; etwas, das mehr bedeutet als die Programmierung der Vergangenheit, und das ist die Spontaneität, und etwas, das lohnender ist als alle Spiele, und das ist das Intimerlebnis.«[40]

Bewusstheit
Bewusstheit zwingt uns, im Hier und Jetzt zu leben, weder in der Vergangenheit noch in der Zukunft. Sie richtet ihre Aufmerksamkeit neutral und ohne

ein konkretes, ausschließliches Ziel zu verfolgen auf innere und äußere aktuelle Vorgänge. Das Gegenteil davon ist der auf einen Punkt, auf einen Gedanken gerichtete intellektuelle Fokus. Er ist von konkreten Erwartungen und elterlich vorgegebenen Erklärungen über das Sein bestimmt und filtert alle außerhalb liegenden Vorgänge heraus. So kann ein kleines Kind völlig verzückt und gedankenverloren eine Biene betrachten – nimmt sie also bewusst wahr –, während der Erwachsene die um seinen Kopf schwirrende Biene vielleicht gar nicht bemerkt, weil er sich auf etwas anderes konzentriert.

Spontaneität
Spontaneität bedeutet, frei zu sein von dem Zwang, psychologische Spiele anbieten bzw. darauf eingehen zu müssen und stattdessen vollen Zugriff auf das verfügbare Assortiment von Ich-Zuständen jenseits aller Zwanghaftigkeiten zu haben.

Intimität
Intimität bedeutet, Menschen Einblick in die eigene Gefühls- und Erlebniswelt zu ermöglichen und Bedingungen zu schaffen, die es auch dem gegenüber gestatten, sich offen zu zeigen. Nach Bernes Überzeugung hätten die meisten Kinder, bevor sie von den ungünstigen Einflüssen des Eltern-Ichs geprägt worden seien, ein starkes elementares Liebesempfinden. Dies wäre – experimentell nachgewiesen – das grundlegende Wesensmerkmal von Intimität.

Der hohe Stellenwert von Intimität ergibt sich aus den folgenden drei wichtigen Bedürfnissen des Menschen:

- **Positionshunger.** Menschen haben entsprechend ihrem Lebensskript bestimmte Vorstellungen davon, wie sie selbst sind, was sie erwartet und wie die Umwelt auf sie reagieren soll. In einer intimen Situation werden diese Vorstellungen nicht in Frage gestellt. Der Mensch muss sie nicht verteidigen, fühlt sich sicher und aufgehoben.

- **Strukturhunger.** Der Mensch sehnt sich nach Strukturen. Unstrukturiertheit, z.B. ein Zeitabschnitt, in dem es nichts wissentlich

Konkretes zu tun gibt, wirkt bedrohlich auf den Menschen. So bedeutet die intime Begegnung zwischen Menschen auch eine Strukturierung von Zeit und Abläufen.

- **Hunger nach Stimulation.** Berne sieht den Grund für jegliche Form der Kontaktaufnahme im Hunger nach Stimulation.[41] Er bezieht sich dabei auf die Forschungen des Wiener Psychoanalytikers René A. Spitz, der nachwies, dass Babys ohne hinreichende Zuwendung körperlich und seelisch verkümmern.

Die archaische Form der Anerkennung eines anwesenden Menschen ist für das Baby, gestreichelt zu werden. Im Laufe seiner Entwicklung lernt es weitere, sublimierte Formen für Streicheleinheiten[42] kennen, etwa die Auswertung oder Interpretation von Worten und Blicken.

3.6 Lebenspraktische Folgerungen

Die Beschränktheit vorgegebener Eltern- und Kind-Ich-Inhalte, die Einengung eines vorherbestimmenden Lebensskripts sowie die Fixierung auf einseitige Transaktionsmuster entsprechen dem Gegenteil von Autonomie, dem Kernziel der Transaktionsanalyse.[43]

Die folgenden lebenspraktischen Folgerungen verfolgen das Ziel einer Zunahme von Bewusstheit sowie einer Steigerung von Spontaneität verbunden mit der Bereitschaft, neue Eindrücke zuzulassen, und der Fähigkeit zum emotionalen Einlassen auf Menschen und Gegebenheiten und damit zur Intimität.

Bewusst mit den einzelnen Ich-Zuständen umgehen und leben
Das Wissen um die einzelnen Ich-Zustände befähigt dazu, Kommunikationsmuster zu analysieren und zu beeinflussen. Um bewusst mit den eigenen Ich-Zuständen umgehen zu können, bedarf es zunächst der Auseinandersetzung mit der Frage: »In welcher Ausprägung liegt welcher Ich-Zustand bei mir vor?«. Dies geschieht am besten mit dem von Dr. John M.

Dusay[44] entwickelten Egogramm, das eine sehr anschauliche und therapeutisch nutzbare Hilfe darstellt. Dabei beantwortet der Interessierte 143 ausgewählte Fragen, die anschließend ausgewertet werden. Für eine möglichst valide Aussage des Egogramms ist es sinnvoll, außenstehende Personen bei der Erstellung einzubeziehen. Ergibt die Auswertung zu gering ausgeprägte Ich-Zustände, können diese gezielt gefördert werden, dadurch verringern sich gleichzeitig die überrepräsentierten Ich-Zustände. Dies gilt auch umgekehrt.

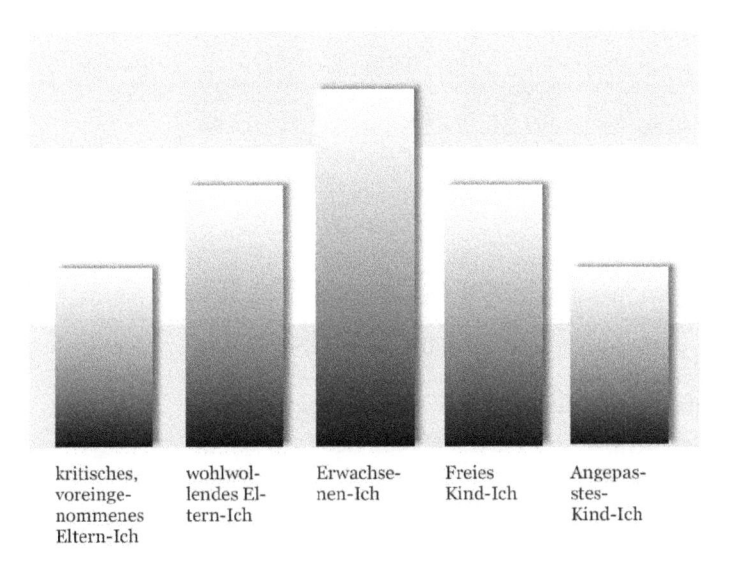

Abb. 17: Hier ein Egogramm, das der Idealform eines ausgeglichenen, psychisch gesunden Menschen entspricht. Man spricht von einem Egogramm mit Gauß-Normalverteilung (Glockenkurve). Dabei handelt es sich um eine in der Natur übliche Verteilung, die Gauss mit Hilfe einer Formel definiert hat.

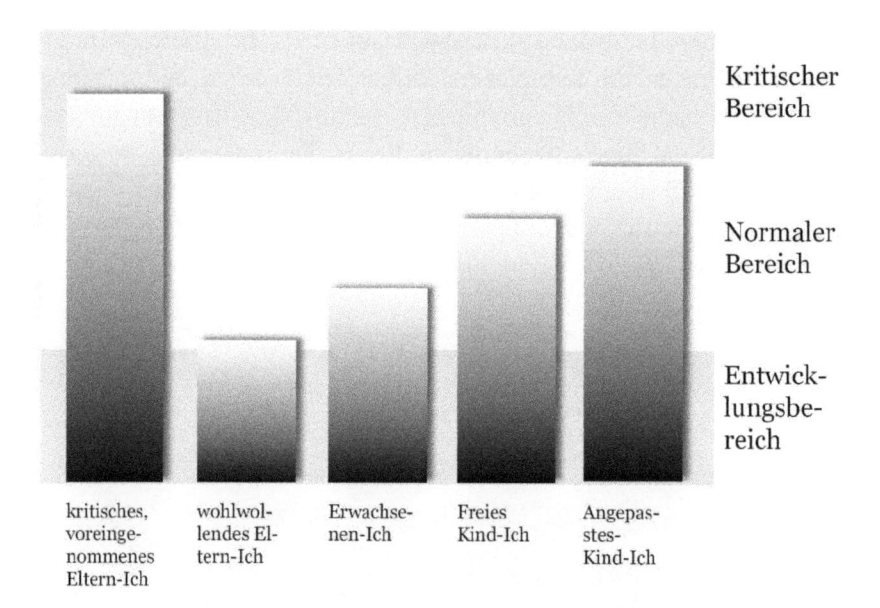

kritisches, voreinge- nommenes Eltern-Ich	wohlwol- lendes El- tern-Ich	Erwachse- nen-Ich	Freies Kind-Ich	Angepas- stes- Kind-Ich	
					Kritischer Bereich
					Normaler Bereich
					Entwick- lungsbe- reich

Abb. 18: Egogramm mit ausgeprägtem Kritischen Eltern-Ich. Bei Konflikten wird dieser Mensch vermutlich versuchen, zu bestimmen und durchzugreifen. Muss unter hoher Belastung entschieden werden, wird er vermutlich die Verantwortung dafür übernehmen.

- **Maßnahmen zur Förderung des Erwachsenen-Ichs:**
  - Die Verantwortung für das eigene Leben selbst übernehmen, Schuld für Missgeschicke nicht bei anderen suchen.
  - Die Realität so sehen, wie sie ist, und nicht, wie sie sein sollte.
  - Sich so sehen, wie man ist, und nicht, wie man sein möchte.
  - Stets in der Gegenwart leben.
  - Statt sofort loszulegen oder zu jammern, besser zunächst überlegen und ggf. fragen.
  - Statt zu behaupten, zuhören und Fragen stellen.
  - Statt zu warten, umgehend den ersten Schritt machen.
  - Störende Umstände ansprechen und ggf. beseitigen.
  - Bei Schwierigkeiten Informationen suchen, ggf. Experten fragen.
  - Eigene Bedürfnisse sehen und vertreten.

- **Maßnahmen zur Förderung des wohlwollenden Eltern-Ichs:**
  - Sich um Verständnis für die Handlungsweisen anderer bemühen.
  - Zuwendung geben und annehmen.
  - Aktiv und mit Interesse zuhören.
  - Lob verteilen und positives Feedback geben.

- **Maßnahmen zur Förderung des natürlichen Kind-Ichs**
  - Auf eigene Gefühle achten, diese ausleben, sofern sie nicht destruktiv sind.
  - Dinge tun, die einem wirklich Spaß machen, sofern sie nicht zerstörerisch sind.
  - Sich sinnliche Genüsse gönnen.
  - Auch unkonventionellen Impulsen folgen.
  - Sich über Kritik anderer hinwegsetzen.
  - Dinge tun, die einem als Kind Spaß gemacht haben.
  - Sich an kleinen und großen Dingen freuen.
  - Wieder Staunen lernen.
  - »Tatsachen« hinterfragen.
  - Nicht immer nach dem Nutzen fragen.

- **Maßnahmen zur Reduktion des wohlwollenden Eltern-Ichs**
  - Lernen, nein zu sagen.
  - Lernen, Vertrauen in das Potential anderer zu haben.
  - Den Satz »Ohne mich geht es nicht« relativieren.
  - Bei Aktivitäten nach dem eigenen Nutzen fragen.
  - Eigene Grenzen sehen und setzen.
  - Eigene Bedürfnisse wahrnehmen, wichtig nehmen und vertreten.

- **Maßnahmen zur Reduktion des kritischen, voreingenommenen Eltern-Ichs:**
  - Entspannen.
  - Zuhören.
  - Eigene Kommentare auf deren Nutzen abklopfen.

- ° Vermeintliche eigene Werte hinterfragen: »Sehe ich das wirklich so?«
- **Maßnahmen zur Reduktion des angepassten Kind-Ichs**
  - ° Sich statt auf das »Ich kann nicht« auf das »Ich will nicht« konzentrieren.
  - ° Das »Ich muss ...« durch ein »Ich muss nicht. Ich entscheide mich ...« ersetzen.
  - ° Klartext reden.
  - ° Lernen, auch unangepasst zu sein und die Konsequenzen daraus zu tragen.
  - ° Ersatzgefühle entlarven und die Handlungsimpulse des echten Gefühls verwirklichen.

Einschränkende Moralbotschaften und Verhaltensregeln aus dem Eltern-Ich hinterfragen

»Die eigenen Eltern sind die Menschen, die man am wenigsten kennt« (E. Berne).

Für Kinder stellen die Vorgaben und Handlungsweisen der Eltern oder der Bezugspersonen, bei denen sie aufgewachsen sind, unumstößliche Maßstäbe für richtiges Handeln dar. Erst später, wenn äußere Einflüsse, Vergleichsmöglichkeiten und wachsende intellektuelle Fähigkeiten zur Ablösung von Eltern und anderen Bezugspersonen führen, werden vorwiegend äußerliche Vorgaben in Frage gestellt. Dabei wird indes ein großer Teil der beschriebenen elterlichen Normen aus Gründen einer Tabuisierung, der Gewohnheit oder Ängstlichkeit nicht hinterfragt und bleibt somit als selbstverständlich bestehen. Darüber hinaus sind elterliche Aussagen und unterschwellige Botschaften über Moral oder die eigene Person kaum faktisch kontrollierbar und folglich vom Erwachsenen-Ich nur schwer widerlegbar.

Zur Erforschung des Eltern-Ichs bieten sich beispielhaft folgende Möglichkeiten an:

- Selbstbeobachtung z.B. im Hinblick auf die Identifikation mit elterlichen Verhaltensmustern.

- Erweitern des eigenen Horizonts durch neue Erfahrungen und Bildung.
- Gespräche mit Freunden, Verwandten und Bekannten über Werte, Normen und Moral. Welche Position ergreift man aus welchem Grund?
- Vergleiche mit anderen Menschen.
- Feedback außenstehender Personen.
- Professionelle Beratung oder Psychotherapie.

Bei Feedback, Gesprächen und Vergleichen sollten Personen mit vergleichbarer Struktur oder Problematik und zugleich ähnlichem Entwicklungs- oder Wissensstand ausgeklammert werden.

Impulse, Ängste und unbegründete Gefühle aus dem Kind-Ich erkennen und Konsequenzen daraus ziehen
Viele in der Kindheit überlebensnotwendige Strategien wie Rückzug, Abschottung, Zurückhalten von Gefühlen, Tragen einer Maske, Unterdrücken von Impulsen, aber vor allem Angst- und Beklemmungsgefühle in diversen Situationen sind später nicht mehr notwendig und angemessen; sie hemmen den erwachsenen Menschen in seiner freien Entfaltung.
Fragen zur Selbstreflexion:

- In welcher Situation erkenne ich bei mir Symptome der Angst und Beklemmung wie z.B. Herzklopfen, Schweißausbrüche, feuchte Hände, Bauchschmerzen, verkrampfte Muskeln, flache Atmung oder Zittern?
- Wovor fürchte ich mich konkret?
- Welchen Situationen und Anforderungen versuche ich aus dem Weg zu gehen? Und welche reelle Gefahr besteht in der Situation? Was könnte schlimmstenfalls passieren?
- In welchen Situationen reagiere ich unangemessen aggressiv oder zurückhaltend?
- Welches Image versuche ich aufrechtzuerhalten und warum?
- Welchen Menschen gehe ich aus dem Weg? Warum?

Vorherrschende Transaktionsmuster in der Umgebung erkennen
Würde es nur einen Menschen auf der Welt geben, gäbe es keine sozialen

Rollen. Erst wenn mind. eine zweite Person anwesend ist, schlüpft der Mensch in eine Rolle bzw. bekommt er eine Rolle zugewiesen. Jede Rolle fordert aber eine Gegenrolle, die auf die Signale des Senders mit einer Antwort reagiert. Anhand der Charakteristika dieser Gegenrollen und ihren Reaktionen kann das eigene Transaktionsmuster bestimmt werden. Dazu einige Fragen zum Nachdenken:

- Reagieren andere auffallend oft mit Unterwürfigkeit, Schüchternheit oder Angst auf Sie? Protestieren sie oder werden aggressiv?
- Reagieren Ihre Gesprächspartner irritiert, verärgert oder rechtfertigen sie sich oft?
- Haben Sie Schwierigkeiten, Wünsche auszudrücken? Bedienen Sie sich irgendwelcher Tricks, um Ihre Ziele zu erreichen?
- Haben Sie das Gefühl, des Öfteren bevormundet zu werden?

Echtes Gefühl	Handlungstendenz
Abscheu	Nichts wie weg!
Angst	Angriff im Sinne von Klärung und Orientierung oder Flucht
Glück	Verweilen
Hass	Vernichten
Liebe	Hin! Kontakt
Sehnsucht	Suchen, Wieder-Haben-Wollen
Sorge	Vermeiden. Sich oder andere schützen
Trauer	Abschied

Tab. 19: Beispiele für echte Gefühle. Sie sind immer mit einer Handlungstendenz verbunden.

- Entgleisen Ihre Gespräche zuweilen thematisch oder emotional?
- Wirken Ihre Gesprächspartner oft angestrengt, kribbelig, verständnislos oder gelangweilt?
- In welchen Situationen werden Sie um Hilfe gebeten? Bei emotionalen Problemen, in Sachfragen, bei der Suche um Rat oder Beistand? Oder dann, wenn es darum geht, jemanden in seine Schranken zu weisen? Oder zur Unterstützung einer Protestbewegung, bei der Auswahl eines kreativen Geburtstagsgeschenks?
- Welche Freunde haben Sie?

Wiederholende destruktive Beziehungsmuster vor dem Hintergrund des Lebensskriptes betrachten und analysieren
Beim Lebensskript handelt es sich um eine Ansammlung von Entscheidungen, welche die eigene Rolle als Reaktion auf primär elterliche Botschaften ebenso aufbauen und stützen soll wie die selbstgefassten Entschlüsse zur eigenen Person. Entsprechend drängt es auf die Verwirklichung dieser Entschlüsse. Das kann dazu führen, dass sich bestimmte, meist in diversen Variationen auftretende Situationen wiederholen. Aufgrund dieser Tendenz sind sie auch relativ leicht erkennbar:

- Spielt sich immer wieder das gleiche Drama, nur mit neuen Akteuren und auf unterschiedlichen Bühnen, ab?
- Wer sind die Darsteller wirklich, welche Rolle haben Sie tatsächlich bzw. welche schreiben Sie ihnen zu?
- Welche Rollen haben Sie? Gefällt sie Ihnen? Und wenn ja, warum?
- Was ist die Kernaussage des Dramas, wie lautet sein Titel?
- Welche Erfahrung, welches Ende lässt sich schon am Anfang absehen?
- Wie könnte das Stück neu, besser besetzt werden? Und welche inhaltlichen Veränderungen könnten den Verlauf verbessern?

Die aktuelle Lebenssituation vor dem Hintergrund des Lebensskriptes durchleuchten und durch gezieltes Gegensteuern korrigieren
Die ehrlichen Antworten auf die folgenden Fragen erlauben Rückschlüsse auf das persönliche Lebensskript:

- Leben Sie im hier und jetzt oder warten Sie auf »bessere Zeiten«?
- Sind Sie zufrieden mit Ihrer Lebenssituation? Welchen Titel könnten Sie ihr geben?
- Wie leben Sie in fünf, zehn, fünfzehn Jahren?
- Bestehen Ähnlichkeiten zwischen Ihrer Lebenssituation und der Ihrer Eltern?
- Welche Situationen wiederholen sich?
- Welche Figuren aus Mythologie, Theater, Film, Fernsehen sprechen Sie besonders an? Warum?

- Welches ist Ihr Lieblingsmärchen, ihr Lieblingsstück?
- Welcher Spruch könnte später einmal auf Ihrem Grabstein stehen?

Sollten Sie mit dem Lebens- bzw. Weltbild, das sich aufgrund dieser Fragen ergibt, nicht einverstanden sein, korrigieren Sie Ihr Lebensskript durch gezieltes Gegensteuern. Fragen Sie sich zunächst:

- Wie beeinflusst Ihr Lieblingsmärchen, ihre Lieblingsfigur aus Mythologie, Theater, Film, Fernsehen Sie? Sind das die Einflüsse, denen Sie ausgesetzt sein möchten? Sind das die Vorbilder, denen Sie nacheifern möchten? Versuchen Sie, die Figuren in der Realität neben sich zu sehen. Sind Sie dann noch immer so attraktiv?
- Wie sähe ein wünschenswerterer Titel für Ihre Lebensgeschichte, wie ein besserer Grabsteinspruch für Sie aus? Und was müsste sich verändern, um ihnen gerecht zu werden?
- Gibt es etwas, was Sie an der Umsetzung hindert, was Sie vor Veränderungen zurückschrecken lässt?
- Welche konkreten Schritte stehen an, um das bessere Skript zu verwirklichen?

Aufspüren von Ersatzgefühlen
Echte Gefühle sind immer mit einem Handlungsimpuls verbunden. Beschäftigt man sich mit der Handlungstendenz, die hinter einem Gefühl steht, bessert sich die Situation.
Gefühle ohne Handlungstendenz sind der Ersatz für das echte, jedoch nicht gestattete Gefühl. Sie kommen aus dem angepassten Kind-Ich.
Fragen zum Aufspüren von destruktiven Ersatzgefühlen:

- Fühlen Sie sich oft scheinbar grundlos traurig, schwermütig, gehemmt, antriebslos, depressiv?
- Welche Ereignisse sind der Grund für diese Gefühle?
- Was ist dabei mit Ihnen passiert? Sind Sie verletzt worden, gedemütigt, kamen Sie sich hilflos vor?
- Was wäre die angemessene Reaktion?

4. Verhaltenstherapie

Kognitionen, Kompetenzen, Konditionierungen und Selbstanweisungen

4.1 Einführung

Im Unterschied zu den bisher behandelten psychologischen Richtungen lässt sich die Verhaltenstherapie (VT) nicht an einer einzelnen Person im Sinne eines Gründers oder Entdeckers bzw. einer therapeutischen Einzeltechnik festmachen. Es handelt sich vielmehr um zahlreiche, sehr unterschiedliche Methoden mit dem gemeinsamen Hintergrund der experimentellen Lernpsychologie.

Wesentlich bei der Verhaltenstherapie ist die Zentrierung auf konkrete, klar umschriebene Verhaltensweisen mit dem Zweck des Erlernens oder Verlernens.45

Geschichte

Der russische Physiologe und Neurologe Iwan Pawlow entdeckte 1905 den Zusammenhang zwischen einem ursprünglich neutralen Reiz und einer bestimmten Körperreaktion. So reagierten seine Hunde im Labor mit vermehrtem Speichelfluss, als sein Assistent im Nebenraum mit den Blechnäpfen klapperte, um diese mit Futter zu füllen. Um dieses Phänomen weiter zu verfolgen, ließ er kurz vor der Fütterung eine Glocke erklingen, bis die Hunde nach einigen Wiederholungen allein durch das Klingeln Fressverhalten und körperliche Reaktionen zeigten. Sie hatten also, ohne es zu wollen, gelernt, auf einen bestimmten Reiz zu reagieren. Diese Form des Lernens, die Verknüpfung von neutralen und bedingten Reizen, nennt die Verhaltenstherapie klassische Konditionierung (s. auch Kap. 4.2.1).

Vergleichbare Kenntnisse waren im Bereich der Tierdressur und der Assoziationspsychologie schon lange Zeit vor Pawlow vorhanden, doch unternahm er die ersten wissenschaftlichen Untersuchungen auf diesem Sektor und dokumentierte diese.

Der amerikanische Psychologe Burrhus F. Skinner erkannte um 1950 die Abhängigkeit tierischen und menschlichen Verhaltens von Belohnung, Erfolg und Bestrafung. In Experimenten (Skinner-Box) dressierte er Tauben, indem er gewünschtes Verhalten mit Futter belohnte und unerwünschtes Verhalten mit Elektroschocks bestrafte. Seine Erkenntnisse über das operante Konditionieren (auch instrumentelles Konditionieren genannt oder als »Lernen am Erfolg« bezeichnet, s. auch Kap. 4.2.2) zeigten unter anderem, dass Bestrafung unerwünschtes Verhalten nur vordergründig unterbindet, langfristig jedoch an Wirkung verliert, solange der Betreffende einen Nutzen für sich in seinem Handeln sieht. Verhaltensweisen werden erst dann völlig aufgegeben, wenn kein Nutzen mehr daraus gezogen werden kann.

Albert Bandura, ein weiterer Vertreter der frühen Verhaltenstherapie, überprüfte das Phänomen des »Lernens am Modell«, bei dem eine Person das Verhalten einer anderen Person einschließlich der nachfolgenden Konsequenzen beobachtet und sich daraufhin neue Verhaltensweisen aneignet. Es geht also um die Fähigkeit, stellvertretend über die Verhaltensweisen anderer zu erlernen.

Wurden das Denken, Fühlen und Erleben des Menschen bis zu diesem Zeitpunkt in der Verhaltenstherapie völlig vernachlässigt, entstand mit Forschern und Therapeuten wie Mahoney oder Lazarus eine Erweiterung der Verhaltenstherapie um diese menschlichen Fähigkeiten. »Die »Black Box[46]« wurde geöffnet, es entstand die kognitive Verhaltenstherapie.

Gegenwart
»Die Verhaltenstherapie beruht im Wesentlichen auf der Annahme, alle Verhaltensweisen, erwünschte gleichermaßen wie unerwünschte, seien gelernt worden und gehorchten ganz bestimmten Gesetzmäßigkeiten, die das Ausmaß des Lernens bestimmen.«[47]

Dabei spielt die Untersuchung der Genese von problematischen Verhaltensweisen eine untergeordnete Rolle. Im Unterschied zu tiefenpsychologischen Ansätzen geht es bei der Verhaltenstherapie ausschließlich um die Modifikation aktuellen Problemverhaltens und nicht um eine Analyse der Charakterstruktur oder von Konfliktzusammenhängen. Dabei beschränkt sich der Begriff des Verhaltens nicht wie im üblichen Sprachgebrauch auf sichtbare Handlungen, sondern umfasst das menschliche Erleben und Handeln auf den vier Ebenen Denken, Fühlen, Körpererleben und motorisches Handeln. Es folgt bestimmten Gesetzmäßigkeiten, die jedoch von den Erfahrungen bzw. den individuellen positiven oder negativen Konsequenzen und damit verbunden den Lernprozessen der Vergangenheit abhängen.

In der Regel streben Menschen danach, durch ihr Verhalten kurzfristig positive Konsequenzen zu erzielen; die langfristigen sind oft nicht bekannt und/oder werden vernachlässigt. Dieser Umstand trägt vielfach zur Entstehung und Aufrechterhaltung psychischer wie körperlicher Erkrankungen bei.

Ein wichtiger Teil der Verhaltenstherapie besteht aus aktiven Übungen, Verhaltenstraining und Experimenten mit dem Ziel, neue Lernerfahrungen zu machen und individuelle Befürchtungen auf deren Realitätsgehalt zu überprüfen.

4.2 Zentrale Begriffe der Verhaltenstherapie: Reiz-Reaktions-Lernen

4.2.1 Klassisches Konditionieren

Bestimmte Reize, etwa der Gedanke an Zitronensaft auf der Zunge, lösen bei Mensch und Tier ein bestimmtes angeborenes Verhalten aus. Solche ungelernten Stimuli bezeichnet die Verhaltenstherapie als unbedingte Reize, das Antwortverhalten als unbedingte Reaktionen.

Von Konditionierung spricht man, wenn ein bislang neutraler Reiz zu einer Reaktion führt, die bis dahin nur durch einen unbedingten Reiz hervorgerufen worden ist. Ein 3-jähriges Kind greift beispielsweise auf eine heiße Herdplatte und verbrennt sich die Finger. Von da an führt der an sich neutrale visuelle Reiz »Herdplatte« zu der bedingten Reaktion »Finger weg!«, der sonst nur von dem unbedingten Reiz »heiß« ausgelöst worden ist. Um eine Konditionierung aufzubauen, muss ein Reiz also nicht mehrfach auftreten, oft genügt schon die Vorstellung dieser Situation. Dies ist insbesondere im Kontext traumatischer Erlebnisse der Fall. Hier kann ein wesentlicher Teil der Konditionierung auch in der Erinnerung oder Phantasie des Menschen stattfinden. Die Wirkung eines bedingten Reizes verblasst aber wieder, wenn er mehrfach ohne den unbedingten Reiz erlebt wird. Sieht das Kind z.B. immer wieder eine Herdplatte (zunächst neutraler, dann bedingter Reiz), die nicht angeschaltet ist, so dass es sich nicht verbrennen kann, verliert sich der unbedingte Reiz »heiß« und es tritt wieder die ursprüngliche unbedingte Reaktion auf, allerdings in deutlich geringerer Intensität. Der bedingte Reiz hat seinen Signalcharakter[48] verloren. Die Verhaltenstherapeuten sprechen in diesem Fall von Löschung. Das bedeutet aber nicht, dass die Konditionierung auch wirklich für alle Zeiten gelöscht ist, denn würde sich das Kind erneut verbrennen, wäre die bedingte Reaktion sofort wieder da, und zwar noch schneller als beim ersten Mal. Das beweist, dass die Konditionierung nicht gelöscht, sondern im Grunde genommen nur durch verschiedene psychologische Vorgänge (intern) gehemmt ist. Erfahrungsgemäß treten die so gelöschten bedingten Reaktionen nach einer längeren Pause vom unbedingten Reiz auch wieder auf. Das Kind hat also gelernt, dass es bei einer Herdplatte vorsichtig sein muss, weil sie heiß sein kann, ohne immer wieder die Erfahrung des Verbrennens machen zu müssen. Die Verhaltenstherapeuten gehen davon aus, dass sich die interne Hemmung selbst hemmt und sprechen dann von einer Spontanerholung.

Bedeutung des klassischen Konditionierens im Alltag

Das Phänomen der Reizassoziation beeinflusst vielfältige Bereiche des menschlichen Verhaltens. Gefühle wie Beklemmung, Scheu, Freude, Glück, Gelöstheit in bestimmten Situationen und damit persönliche Vorlieben und Abneigungen können als Folge klassischer Konditionierungsvorgänge verstanden werden.

Beispielsweise möchte ein kleines Kind im Biergarten mit dem Mann am Nebentisch spielen und ihm eine Freude machen, indem es ihm etwas Sand ins Bier streut. Die Folge ist wahrscheinlich große Empörung auf Seiten des Mannes und der Eltern, die das Kind mit Angst und Beklemmung erlebt. In einer anderen Situation, z.B. im Supermarkt an der Kasse, folgt das Kind seinem Entdeckerdrang und fasst eine fremde Person an. Die Mutter sieht dies, reißt ihr Kind weg und schimpft mit ihm. Mit der Zeit verknüpft das Kind Gefühle der Angst und Beklemmung mit dem ursprünglich neutralen Vorgang der Kontaktaufnahme und wird diese Gefühle künftig schon im Vorfeld entwickeln. Kritisiert das Kind jedoch das Verhalten der Eltern und wird daraufhin mit einer Strafe bedacht, verknüpft sich ein diffuses Gefühl von Schuld und Angst mit dem Wunsch, sich zu beklagen, sich durchzusetzen oder zu wehren. Ein erwachsener Mensch möchte sich dann etwa völlig zu Recht beschweren, unterdrückt jedoch diesen Wunsch wegen seiner irrationalen Schuld- und Angstgefühle.

4.2.2 Operantes Konditionieren

Hinter der operanten Konditionierung steht das Prinzip des Lernens am Erfolg. Zieht ein Verhalten lohnende Konsequenzen nach sich oder reduziert es ein Bedürfnis, steigt die Wahrscheinlichkeit seines erneuten Auftretens. Folgt auf eine Verhaltensweise eine unangenehme Reaktion oder die Wegnahme eines angenehmen Stimulus, wird sie vorübergehend unterdrückt. Dr. William K. Estes, Professor für Psychologie, kam aufgrund seiner Untersuchungen zu der Feststellung, »dass Bestrafung zwar zu einer gewissen Unterdrückung von Verhalten führt, allerdings insgesamt gesehen nicht als sehr wirksam anzusehen ist.«[49] Erst völlige Erfolglosigkeit, also ein fortwährend absenter Stimulus, lässt ein Verhalten verschwinden.

Nach der Verhaltenstherapie werden nahezu alle menschlichen Verhaltensweisen – also auch die persönlich, sozial oder gesellschaftlich unerwünschten – durch positive Verstärkung, z. B. Lob (= positiver Verstärker), oder negative Verstärkung, z. B. das erfolgreiche Umgehen eines unangenehmen Reizes wie schmerzhafte Kritik (= negativer Verstärker) aufrechterhalten.

Steigende Wahrscheinlichkeit
des Auftretens einer
bestimmten Handlung

Verstärkung

positive Verstärkung
angenehmer Reiz wird
hinzugefügt

negative Verstärkung
unangenehmer Reiz wird
entfernt

Bestrafung Typ 1
angenehmer Reiz
wird entfernt

Bestrafung Typ 2
unangenehmer Reiz
wird erteilt

Bestrafung

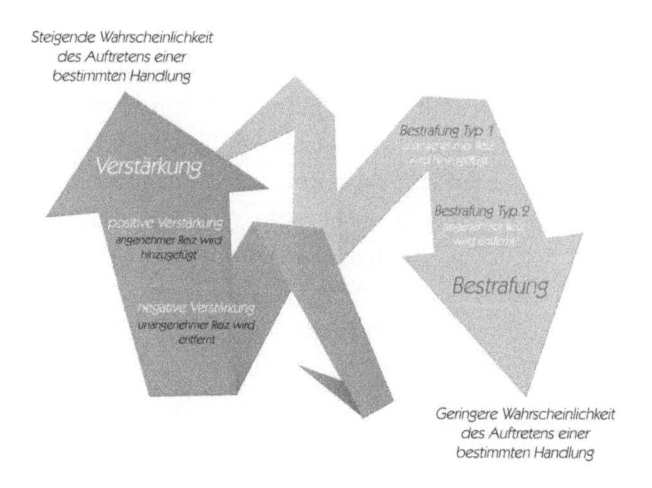

Geringere Wahrscheinlichkeit
des Auftretens einer
bestimmten Handlung

Abb. 20: Operante Konditionierung

Es hat die Funktion der Wunscherfüllung, wobei der Nutzeffekt immer schwerer wiegt als die folgende Sanktion. So hegt der Choleriker bei einem Wutausbruch oft den Wunsch nach Aufmerksamkeit und Beachtung. In angemessener Form könnte er dies durch ein konstruktives soziales Angebot, etwa zuvorkommendes Verhalten, Initiative, Interessenvielfalt oder Offenheit erreichen. Da ihm für dieses Verhalten jedoch die nötigen Kompetenzen fehlen, sind verbale Ausbrüche in nicht angepasster Lautstärke oft nur der einzige Ausweg für ihn.

Nach der Verhaltenstherapie haben nur unmittelbar auf das Verhalten folgende Konsequenzen eine verstärkende Wirkung. Der Choleriker z.B. bekommt innerhalb kürzester Zeit die gewünschte Aufmerksamkeit seiner Mitmenschen und umgeht damit dem negativen Reiz »Keiner beachtet mich« oder »Meine Meinung zählt hier nicht«. Zudem erfährt er als positive Verstärker schonende Behandlung, Unterwürfigkeit seiner Umgebung oder keine Belästigung mit unwichtigen Kleinigkeiten. Alles in allem wiegen die positiven Konsequenzen aus seinem Verhalten schwerer als die negativen Konsequenzen in Form der Gegenbewegung seiner Umgebung, zumal diese erst zu spät erfolgen, als dass sie im Sinne des operanten Konditionierens wirksam würden.

Hinterher wird er möglicherweise von Gewissensbissen geplagt werden und versuchen, dieses Verhalten künftig nicht mehr zu zeigen, was auch eine gewisse Zeit gelingen mag. Solange jedoch sein Verhalten die gewünschte Wirkung erzielt und er keine Alternativen zum Erwirken dieses Resultats findet, wird es mir größter Wahrscheinlichkeit erneut Anwendung finden.

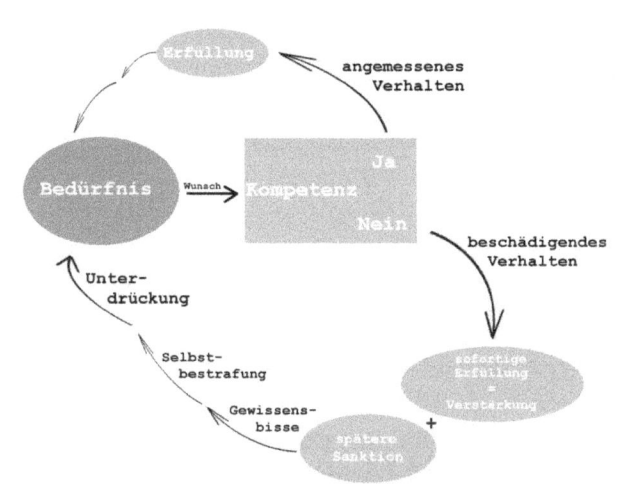

Abb. 21: Angemessenes oder beschädigendes Verhalten bei der Wunscherfüllung

Um also von störenden Verhaltensweisen dauerhaft Abstand nehmen zu können, bedarf es einer genauen Kenntnis aller wirksamen Verstärker. Rauchen bietet beispielsweise weit mehr als Genuss oder körperliche Abhängigkeit. Es liefert die Möglichkeit, regelmäßig eine Pause einzulegen, seinen Träumen nachzugehen, von der Arbeit Abstand zu nehmen, leichter Kontakte zu knüpfen, sich in peinlichen Gesprächspausen zu beschäftigen und Unsicherheit zu überspielen. Soll die Gefahr eines Rückfalls in das unerwünschte Verhalten minimiert werden, erfordert dies dementsprechend die Erschließung von Ersatzfeldern für wegfallende positive oder negative Verstärker.

4.3 Kognitive Verhaltenstherapie

Nach Ansicht der kognitiven Verhaltenstherapie bestimmt erst die persönliche Interpretation eines Reizes seine Qualität. Diese Auffassung basiert auf den Emotionstheorien[50] von Schachter, Singer und Lazarus, wonach es keine fest zuzuordnenden Kombinationen aus Auslöser und Verhalten in bestimmten Situationen gibt, sondern ausschließlich subjektive Entscheidungen des Individuums über die Situation und deren Bewertung.

Obwohl jeder die Welt etwas anders erlebt, besteht doch ein gewisser Konsens in der Wahrnehmung der Dinge: Eine Kaffeetasse bleibt eine Kaffeetasse. Doch dann kommt die individuelle Bewertung hinzu. Fällt die Tasse herunter und zerbricht, ist die eine Person möglicherweise froh, das scheußliche Ding losgeworden zu sein, während die andere fast die Besinnung verliert, weil es sich um das einzige Erbstück ihrer Großmutter handelte oder weil sie etwas Einmaliges, Wunderschönes für sie darstellte. Gegebenenfalls kommt sie sogar zu dem Schluss, die Tasse wäre absichtlich fallen gelassen worden; vielleicht um sie zu ärgern, vielleicht um einen Herzinfarkt zu provozieren, denn schließlich trachtet ihr jeder nach dem Leben. Unter Umständen verlässt dieser Mensch irgendwann den allgemeinen Konsens der Wahrnehmung und gilt als verrückt. Die dargestellte Situation war für beide Personen objektiv dieselbe, allein die subjektive Interpretation bestimmte die Wahrnehmung und das Verhalten.

Neben der Ansicht, dass erst die persönliche Interpretation eines Reizes seine Qualität bestimmt, existiert eine weitere Grundannahme der kognitiven Verhaltenstherapie: Es gibt eine direkte Relation von Gefühlen, Verhaltensweisen und Kognitionen. Psychische Störungen, Ängste und Depressionen sind demnach die Folgen irrationaler, ungesunder und problematischer Denkweisen. So würden eine Reihe von Gedankenfehlern[51] als Vorstufe zu irrationalen Überzeugungen existieren mit der Folge einer Einschränkung von unbeschwertem und erfolgreichem Handeln in Alltagssituationen sowie einer erhöhten Konfliktanfälligkeit.

4.3.1 Gedankenfehler – Dysfunktionales Denken

Schwarz-Weiß-Denken
Beim Schwarz-Weiß-Denken existieren ausschließlich die Kategorien gut oder schlecht ohne Zwischenabstufungen.

- Beispiel: Ich bin ein völliger Versager, wenn ich es heute nicht schaffe, sie anzusprechen.
- Wahrheit: Trotz eines Misserfolgs gibt es aller Wahrscheinlichkeit nach noch andere, unproblematische und erfolgreiche Lebensbereiche, und ob das, was als Misserfolg definiert wird, tatsächlich ein Misserfolg ist, sei dahingestellt.

Katastrophieren
Beim Katastrophieren wird die denkbar negativste Folge einer Handlung oder eines Ereignisses angenommen.

- Beispiel: Wenn ich diesen Job beende (oder mir gekündigt wird), werde ich nie wieder eine vergleichbare Stelle finden.
- Wahrheit: Die Möglichkeit ist ebenso groß, dass sich eine Entscheidung als vorteilhaft erweist, der spätere Job also besser sein wird als der gegenwärtige, oder dass das befürchtete Ereignis gar nicht eintritt.

Negatives Umdeuten
Erfolge und Ereignisse werden negativ ausgelegt oder auf andere Faktoren zurückgeführt.

- Beispiel: Ich habe die Prüfung nur bestanden, weil ich Glück hatte.
- Wahrheit: Die Prüfung wurde bestanden, weil sehr gut gelernt wurde.

Gedankenlesen
Der Betroffene meint, die (vermeintlich negativen) Gedanken anderer zu kennen.

- Beispiel: Mein Chef hält mich für unfähig.
- Wahrheit: Solange kein greifbares Indiz für eine Vermutung dieser Art vorliegt, handelt es sich lediglich um projektive Spekulation.

Übergeneralisierung
Von einzelnen Ereignissen wird auf umfassende Gebiete geschlossen.

- Beispiel: Probleme mit einem kleinlichen Polizisten während einer Verkehrskontrolle werden auf die gesamte Polizei übertragen: Alle Polizisten sind unfähig, ungerecht, kleinlich oder sadistisch.
- Wahrheit: Der Polizist leistet gute Arbeit, wenn er vielleicht auch nicht so kleinlich hätte reagieren müssen. Doch hatte er an diesem Tag vielleicht einfach nur schlechte Laune, möglicherweise angeregt durch mein provokantes Verhalten.

Personalisierung
Unangemessenes Verhalten anderer wird ursächlich auf die eigene Person bezogen.

- Beispiel: Der Kollege hat mich nicht gegrüßt, er muss etwas Vernichtendes über mich erfahren haben oder schlecht über mich denken (wie ich es ohnehin schon immer vermutet habe).
- Wahrheit: Die Vorgeschichte zu dem betreffenden Verhalten ist in der Regel unbekannt, die Verhaltensweise bezieht sich möglicherweise auf einen völlig anderen Zusammenhang (der Kollege hatte vielleicht gerade eine belastende Nachricht erhalten und war völlig in Gedanken).

Denken im Imperativ
Beim Denken im Imperativ existiert eine starre Vorstellung vom eigenen Verhalten oder von dem anderer Personen. Enttäuschte Erwartungen führen zu Gefühlen der Gekränkt- oder Verletztheit.

- Beispiel: Wenn er mich liebte, müsste er doch ...
- Wahrheit: Die Bewertungsmaßstäbe anderer Personen müssen sich nicht mit den eigenen decken.

4.3.2 Irrationale Selbstanweisungen

Im Laufe seiner Entwicklung ist der Mensch mehr oder weniger beabsichtigt und bewusst Einflüssen zur Integration in seine soziale Umgebung ausgesetzt, genannt Erziehung und Sozialisation. Diese sozial-individuale Integration umfasst analytisch gesehen[52]:

- die eher zwangsläufige Übernahme von Wertvorstellungen bzw. normgerechten Verhaltensweisen, sozialen Rollen und Funktionen (= Sozialisation),
- die aktive Auseinandersetzung mit den sozial-kulturellen Werten und Normen (= Enkulturation) sowie
- damit verbundene Veränderungen der individuellen Persönlichkeit (= Personalisation).

Ein Großteil der kulturellen, religiösen, moralischen und erzieherischen Vorgaben wird indes schlicht übernommen, ohne den gegenwärtigen Sinn und den individuellen Bezug zu hinterfragen. Nach Ansicht des amerikanischen Psychoanalytikers Dr. Albert Ellis haben Psychoanalytiker »in den letzten Jahrzehnten immer wieder aufgezeigt, wie durch gesellschaftlich vermittelten Aberglauben und Vorurteile weit verbreitete psychische Störungen entstehen können.« Karen Horney, Erich Fromm, Wilhelm Reich und andere machten darauf aufmerksam, dass die Anfälligkeit für psychische Störungen nur durch eine grundlegende Veränderung der Weltanschauung

und der Lebensphilosophie des modernen Menschen reduziert werden könne«[53].
Autoren wie Albert Ellis[54], Arnold A. Lazarus und Allen Fay[55] haben eine ganze Reihe gängiger destruktiver Überzeugungen, so genannte irrationale Selbstanweisungen oder Überzeugungen, mit stark proneurotischem Charakter ausgearbeitet. Allen gemeinsam ist:

- die Abhängigkeit von starren Bewertungsmaßstäben,
- eine angstfördernde und -verstärkende Wirkung,
- ein stark entwicklungshemmender Einfluss und
- als Resultat eine außergewöhnliche Genuss- und Lebenseinschränkung.

Im Folgenden eine Auswahl an irrationalen Überzeugungen.

Ich muss von jeder Person in meinem Umfeld gemocht, anerkannt und akzeptiert werden
- Es wird immer ablehnende Menschen geben. Diesen Prozess können wir nur zu einem Teil beeinflussen, da individuelle Wahrnehmung, frühere Erlebnisse und gegenwärtige Situation eines Menschen nicht in unserer Hand liegen.

Der universelle Sympathieanspruch fordert die völlige Selbstaufgabe eigener Interessen und das ständige Anpassen an die Erwartungen anderer. Ein solches Marionettendasein wird vom Gegenüber jedoch als lästig empfunden und darüber hinaus sehr schnell durchschaut und ausgenutzt.

Die Abhängigkeit des eigenen Wertes von der Wertschätzung anderer erzeugt die ständige Sorge darüber, wie sehr man als Person geschätzt wird und sich gegenwärtiges Verhalten auf das zukünftige Ansehen auswirken mag. Die Furcht vor dem Verlust einer wohl gesonnenen Umgebung kann ein beträchtliches Maß erreichen.

Ich bin nur dann wertvoll, wenn ich in jeder Hinsicht kompetent, tüchtig, leistungsfähig bin und etwas geleistet habe
- Kein Mensch kann auf allen oder vielen Gebieten hervorragende Leistungen vollbringen; die meisten Menschen erreichen nicht einmal auf einem Gebiet Außergewöhnliches.

Wer die Leistungsideologie überbewertet, verwechselt seinen Fremdwert (der Wert, den andere unserer Qualität und Leistung beimessen) mit seinem Eigenwert (der Wert des Menschen allein kraft seiner Existenz[56]). Darüber hinaus liegt nur ein Teil der Faktoren, die über Erfolg oder Misserfolg entscheiden, in unserer Hand.

Umfassende Leistungsfähigkeit wird von der Umgebung eher als Vorwurf an die eigene Untüchtigkeit interpretiert und sorgt für Distanz und Reserviertheit.

Ich darf keine Fehler machen.
- Die Annahme, ein perfekter Mensch würde von seiner Umgebung besonders geschätzt und anerkannt, ist ein Irrtum. Im Gegenteil: Entdeckt die mitmenschliche Umgebung ein gewisses Maß an Fehlerhaftigkeit, wird sie eher erleichtert sein im Sinne von »Oh, schön. Er ist auch nur ein Mensch.«
- Eine der wesentlichsten Arten, seine Kenntnisse zu erweitern, ist das Lernen aus Fehlern.
- Furcht vor Fehlern und falschen Entscheidungen wird die persönliche Risikobereitschaft stark unterbinden und damit die Möglichkeit, durch Experimentieren herauszufinden, welche Interessen tiefste Befriedigung und Erfüllung versprechen.

Je weniger ich offen von mir zeige, desto besser
- Enge und bedeutsame Freundschaften sind ohne gegenseitiges Vertrauen und persönliche Einblicke unmöglich.
- Erweist sich das Misstrauen gegenüber einer Person aus dem Freundeskreis schließlich als gerechtfertigt, umso besser: höchste Zeit, sich von ihr zu trennen.

- Spielt man nur eine Rolle und zeigt eine Maske, wird man nie das Gefühl bekommen, für das geliebt zu werden, was man ist.

Fühle Dich schuldig, wenn Du tust, was Du für richtig hältst, unabhängig davon, ob sich andere darüber aufregen oder nicht
Ist jemand am Wohlergehen und an der Entwicklung seiner Selbst und des anderen interessiert, wird er kein Interesse daran haben, jemandem seinen Willen aufzuzwingen.
- Wenn Selbstsicherheit und Aufrichtigkeit zum Verlust der Zuneigung oder Liebe eines anderen Menschen führen, war es keine Zuneigung oder Liebe.
- In der Regel verletzt man mit aufrichtigem Handeln nicht die Gefühle anderer, sondern ihre Interpretation des Geschehens verletzt sie selbst.

Du musst Dein Glück verdienen
- Glücksanspruch durch Leistungsbereitschaft ist ein frei erfundener Wertmaßstab vor allem westlicher Industrienationen ohne empirische Haltbarkeit. Geld stellt in seiner Funktion als Umtauschobjekt für eine Vielzahl von primären und sekundären Verstärkern als Resultat der Leistungsbereitschaft zwar einen generalisierten Verstärker dar, jedoch besteht kein zwingender Zusammenhang zwischen Geld und Glück. Im Gegenteil zeigt sich sogar, dass viele Menschen, die ergeben der Vorschrift folgen, hart zu arbeiten, etwas zu erreichen, zu leisten und voranzukommen, entweder dabei zusammenbrechen oder hinter all dem nur auf emotionale Leere stoßen.
- Jeder hat das Recht, auf seine Art sein Glück zu suchen – vorausgesetzt, er schädigt niemand anderen dabei.

Gehe Problemen und unangenehmen Situationen aus dem Weg, dann verschwinden sie von selbst
Vermeidet man unangenehme Situationen, nimmt man sich die Möglichkeit, sie überwinden zu lernen und an ihnen zu wachsen. Da sich die meisten Situationen im Leben mehrfach wiederholen, wird man deshalb immer wieder vor denselben Hürden kapitulieren müssen.

Die Flucht vor Problemen verbessert die Situation nur scheinbar und vorübergehend. Tatsächlich neigen Probleme, sofern sie ignoriert werden, dazu, sich im Hintergrund zu verschlimmern.

Selbstvertrauen entsteht letztlich nur durch eigenes Handeln. In der Vergangenheit bewältigte Schwierigkeiten geben uns die Zuversicht, auch in Zukunft Aufgaben zu bewältigen.

Aktives Leben ist handeln, sich bewegen, Erfahrungen sammeln, schöpferisch tätig sein. Der Mensch lässt sich Möglichkeiten intensiver Erfüllung entgehen, wenn er gewohnheitsmäßig schwierigen Aufgaben und Problemen aus dem Weg geht.[57]

4.4 Rational-Emotive Verhaltenstherapie

Die Rational-Emotive Therapie (RET) wurde in den 50er Jahren von dem amerikanischen Psychotherapeuten Dr. Albert Ellis begründet und seitdem beständig weiterentwickelt. Mittlerweile ist aus der RET die Rational-Emotive Verhaltenstherapie geworden, die Kernaussage hat sich indes nicht verändert: »Es sind nicht die Dinge an sich, die uns beunruhigen, sondern unsere Sichtweisen über die Dinge.«[58]

Zunächst als Ehe-, Familien- und Sexualtherapeut praktizierend, absolvierte Ellis eine psychoanalytische Ausbildung und arbeitete anschließend als psychoanalytischer Therapeut. Er fand die Wirksamkeit der klassischen analytischen Technik jedoch nicht zufriedenstellend und suchte nach einer ebenso schnellen wie effektiven therapeutischen Methode, weshalb er über eine aktiv-direkte analytische Vorgehensweise schließlich zur Kombination von humanistischen Therapieansätzen (s. Kap. 5) mit Ideen des Stoizismus kam: Der erwachsene Mensch behält seine in der frühen Kindheit erlernten falschen und irrationalen Vorstellungen von sich und seiner Umgebung, reindoktriniert diese und macht sie zu einem integralen Bestandteil seiner Lebensphilosophie.[59] Werden diese irrationalen Überzeugungen modifiziert, verändern sich auch die Wahrnehmung und das Verhalten.

ABC-Modell der Gefühle

Im Mittelpunkt der RET steht das »ABC-Modell der Gefühle« (s. Tab. 21). Dieses Modell lässt erkennen, wie sehr die subjektive Auswertung eines Ereignisses für Erwartungen, Wahrnehmung und letztlich das Geschehen Verantwortung trägt.

	A=Activating event	B= Believes	C= Consequences
Allgemeine Bedeutung	Verkörpert das auslösende Ereignis eines Problems	Drückt die Gedanken und Bewertungen des aktuellen Ereignisses aus.	Stellt die aus A und B resultierenden Gefühle und das entsprechende Verhalten dar.
Beispiel	Ich sitze im Bus. Maria steigt ein und setzt sich neben mich.	Jetzt wäre wieder eine Gelegenheit, sie auf einen Kaffee einzuladen. Das ist meine letzte Chance, sie zu fragen. Bestimmt sagt sie nein – oder macht sich über mich lustig. Ich bin wirklich ein Feigling; nicht einmal dazu habe ich den Mut. Ist doch wirklich nicht schwer. Die anderen im Bus bekommen meine Anmache sicherlich mit. Und wenn sie es meinen Kollegen erzählt – ich kann mich doch nicht mehr blicken lassen...	**Gefühle**: Angst, Aufregung, Niedergeschlagenheit **Verhalten**: Feuchte Hände, Herzklopfen, Zittern, unruhiges Hin- und Herrutschen
Konstruktive Auswertung des Geschehens	Ich sitze im Bus. Maria steigt ein und setzt sich neben mich.	Oh, wie schön, Maria setzt sich neben mich. Sie scheint mich zu mögen. Das trifft sich gut, weil ich sie schließlich zu einem Kaffee einladen möchte. Allerdings besser nicht hier im Bus; umringt von Menschen; lieber plaudere ich jetzt ein wenig mit ihr und lade sie, sofern es passt, nachher auf dem Weg zur Firma ein.	**Gefühle**: Freudige Erregung **Verhalten**: Leichtes Herzklopfen, feuchte Hände, unverbindliche Unterhaltung

Tab. 22: Das »ABC-Modell der Gefühle«.

4.5 Lebenspraktische Folgerungen[60]

Welche lebenspraktischen Folgerungen lassen sich aus den verschiedenen Richtungen der Verhaltenstherapie für das eigene Leben ziehen?

Rationales Denken und Fühlen kultivieren
Zum Kultivieren des rationalen Denkens und Fühlens gehören z.B.:
- **Ein gesundes Eigeninteresse zu wahren.** Die Aufgabe des Lebens besteht nicht darin, sich den Kopf für und über andere zu zerbrechen, sondern gut für sich selbst zu sorgen.
- **Tolerant zu sein.** Nur bei einer nennenswerten Beeinträchtigung eigener Interessen lohnt es sich, an eine Veränderung des Gegenübers zu appellieren.
- **Unsicherheit zu akzeptieren.** Es gibt keine wirkliche Sicherheit im

Leben, keine absoluten Entscheidungen und Handlungen.
- **Flexibel zu sein** und damit die Fähigkeit auszubauen, gefasste Pläne an Unwägbarkeiten und Neuerungen des Lebens anzupassen und alternative Lösungswege bereit zu halten.
- **Methodisch vorzugehen.** Überlegtes, systematisches Herangehen an Aufgaben und Probleme.
- **Engagiert zu sein.** Hingabe auch ohne völlige Sicherheit eines persönlichen Nutzens.
- **Zum Risiko bereit zu sein.** Lust an neuen Erfahrungen, persönliches Wachstum durch die Bereitschaft, Wagnisse einzugehen.

Wünschenswertes Verhalten verstärken
Positive Konsequenzen, z.B. beachtet und belohnt zu werden oder sich einfach nur wohl zu fühlen, erhöhen die Auftretenswahrscheinlichkeit des vorangegangenen Verhaltens (Einzelheiten s. Kapitel 4.2). Das muss keine fremde Person tun. So kann man sich selbst belohnen, indem man sich nach dem bewältigten Lernpensum zur Belohnung z.B. ein Buch, ein leckeres Essen oder einen Kinobesuch gönnt. Wichtig ist eine zeitlich unmittelbare, spontane Belohnung. In diesem Zusammenhang wäre eine Liste kleiner, sofort verfügbarer Möglichkeiten im Sinne von »wollte ich immer schon mal machen«, »das mache ich gerne« sinnvoll, um ohne langes (und damit wieder unangenehmes) Grübeln tätig werden zu können.

Angenehme Situationen vor anstehenden (unangenehmen) Aufgaben meiden und aus negativem Verhalten Konsequenzen ziehen
Vor dem Wohnungsputz noch schnell die geliebte Fernsehserie anzuschauen käme einer Belohnung für das Ausweichen gleich. Allgemein lässt sich sagen, dass eine angenehme Konsequenz vor der eigentlichen Anstrengung zu einer Verstärkung des Ausweichverhaltens führt. Damit wird es im weiteren Verlauf immer schwerer, sich zu unangenehmen Tätigkeiten aufzuraffen.

Während das Ausbleiben von Konsequenzen bei negativem Verhalten dazu führt, dass es nicht erkannt oder nicht ernst genommen wird und sich folglich weiter im Repertoire des Menschen befindet, führen Konsequenzen zu einem selteneren Auftreten des unerwünschten Verhaltens.

Ereignisse und Erlebnisse positiv-realistisch auswerten
Die primäre Fokussierung auf Fehler, Schwierigkeiten und ungünstig verlaufene Sequenzen in der persönlichen Auswertung einer Situation lässt diese letztlich insgesamt eine Niederlage sein. An Stelle eines problembetonten Denkens und des negativen mentalen Trainings empfiehlt sich eine positiv-realistische Auswertung von Ereignissen und Erlebnissen.

Existiert bereits eine Vorerwartung über den Verlauf und das Resultat einer Situation, kann diese im Sinne einer selbsterfüllenden Prophezeiung schon im Vorfeld den Ablauf entscheidend mitbestimmen. Negatives mentales Training kann letztlich über den Mechanismus des Konditionierens Gefühle und Gedanken in einer Situation verselbständigen. Auf diese Weise entsteht etwa ein Gefühl von Niedergeschlagenheit und Bedrücktheit auf dem Weg zur Arbeit, ohne überhaupt aktuell einem entsprechenden Gedanken gefolgt zu sein. Als weiteres Beispiel macht sich ein frustrierter Schüler Gedanken darüber, wie ungerecht, blöd und nutzlos Schule doch ist. Mit der Zeit verknüpft sich das Gefühl des Frustes mit der Institution Schule; deshalb wird ihm der Schulbesuch und das dazugehörige Lernen immer mehr Kraft und Überwindung kosten.[61]

Kompetenzen aufrechterhalten
Die Verhaltenstherapie versteht Kompetenzen als Ergebnis von Lernprozessen. Sie können bei längerer Nicht-Inanspruchnahme schwinden. Zu diesen Kompetenzen zählen etwa zwischenmenschliche, lebenspraktische, kommunikative und kreative Kompetenzen, Kontaktfähigkeit sowie die Fähigkeit zur sinnvollen Freizeitgestaltung. So wird nach einer längeren intensiven Arbeitsphase der Zugang zu Freizeitgestaltungsmöglichkeiten versperrt, nach einer abgeschirmten Paarbeziehung ohne weitere Außenkontakte werden zwischenmenschliche Kompetenzen verkümmert sein.

Lebensbereiche durch persönliche Tradition und persönliche Verhaltensschemata absichern
Selbstverständlichkeiten ersparen oder erleichtern insbesondere bei

unangenehmen Aufgaben und Tätigkeiten den aufwändigen Prozess der Entscheidungsfindung des ob, wann, wo, wie und wie lange. Sie liefern darüber hinaus in ihrer strukturierenden Funktion ein Grundniveau an Sicherheit. Dieses Prinzip funktioniert auch bei ganz einfachen Tätigkeiten:

- Wann soll ich Aufstehen?
- Was trinke ich zum Frühstück?
- Wie putze ich meine Zähne?
- Koche ich mir etwas oder gehe ich essen?

und kann weitere Bereiche des Lebens vereinfachen:

- Wann ist definitiv Feierabend?
- Wie oft treibe ich Sport?
- Wie reagiere ich, wenn ...?
- Wie viel Zeit möchte ich allein verbringen?

Im Sinne einer Strukturierung und Absicherung stehen ebenso Zeitzyklen (Jahreszeiten, Monats- und Wochenzyklen), landesweite Feiertage (Weihnachten, Ostern), Hobbys, Stammtische, Vereinsaktivitäten etc.

Für Verhaltensaufbau und -änderung ausreichend positive Verstärker sicherstellen
Die positive Konsequenz einer Bemühung ist der Erfolg. Um die Durststrecke gerade bei größeren und umfangreicheren Wünschen und Zielsetzungen nicht zu groß und entmutigend werden zu lassen, empfiehlt es sich, den Weg zum Ziel in kleine, überschaubare Schritte aufzuteilen. Auf diese Weise stellt jeder erreichte Zwischenschritt ein Erfolgserlebnis dar und dient als Verstärker des positiven Verhaltens im Sinne des operanten Konditionierens.

Nach Schwierigkeitsgrad abgestufte Aufgaben verringern die Gefahr des Scheiterns und erleichtern den Einstieg in die Herausforderung eines neu zu erschließenden Feldes.

Um zu wissen, wann das Ziel erreicht ist, sollte es konkret und detailliert festgelegt werden; eine bildhafte Vorstellung des Zielzustandes kann dabei als zusätzliche Antriebskraft und Motivationsquelle dienen.

Die erreichte Progression sollte schriftlich protokolliert werden und darf durchaus mit anderen Personen geteilt werden. Dadurch wird der Erfolg wiederholt ins Bewusstsein gerufen und fungiert auf diese Weise als weiterer positiver Verstärker. Wichtig ist, rechtzeitig an einen Ersatz für wegfallende positive Verstärker zu denken und damit eine ausgeglichene Genussbilanz sicherzustellen, z.B. beim Wegfall der Zigarette, wenn mit dem Rauchen aufgehört werden soll, oder bei der Nutzung der freien Zeit für das Erreichen der gesetzten Ziele, die ursprünglich für Genuss, Spaß, Erholung oder Entspannung vorgesehen war.

Ein langandauerndes Ausbleiben positiver Erlebnismöglichkeiten führt letztlich über eine Verarmung des Stimulusfeldes zu einer umfassenden Demotivation und einem Scheitern der Bemühungen.

5. Humanistische Psychologie

Leben im Einklang mit der menschlichen Bedürfnisstruktur

5.1 Einführung

Als im Jahre 1961 die American Association of Humanistic Psychology unter dem Vorsitz von Abraham Maslow gegründet wurde, verstand sie sich vor allem als Protestbewegung, als »dritte Kraft« in deutlicher Abgrenzung zur Psychoanalyse und vor allem zum Behaviorismus, bei dem es um das Verhalten von Lebewesen und das Erfassen ihrer seelischer Merkmale geht. Denn beide Richtungen erhielten eine Variante des Determinismus aufrecht im Sinne von »alle Ereignisse sind nach vorher festgelegten (Natur-)Gesetzen festgelegt« und waren somit in den Augen der Humanistischen Psychologie pessimistisch, weil ihr Menschenbild wenig Raum für Spontaneität, Kreativität, Freiheit und Verantwortung ließ. Die Vertreter der humanistischen Psychologie wendeten sich vehement gegen mechanistische Verfahren, gegen die Reduktion auf naturwissenschaftlich-experimentelle Techniken sowie gegen kausal-deterministische Auffassungen des Menschen.

Im Folgenden ein Auszug aus der Präambel der American Association of Humanistic Psychology (1964):

- Das menschliche Wesen ist mehr als die Summe seiner Teile (dieser Ansatz stammt aus der Gestaltpsychologie).
- Menschliches Existieren vollzieht sich in zwischenmenschlichen Beziehungen.
- Der Mensch lebt bewusst.
- Der Mensch kann Bewusstheit über sich selbst erlangen; dies gilt als Voraussetzung für das Verstehen sowohl eigener als auch fremder menschlicher Erfahrungen.
- Der Mensch ist in der Lage zu wählen und zu entscheiden.
- Der Mensch lebt intentional (zielgerichtet und zielorientiert).

Die Humanistische Psychologie stellte in ihrer Anfangszeit ein heterogenes Sammelbecken unabhängig voneinander entwickelter und ausdifferenzierter Ansätze dar und hat bis heute kaum an ihrer Vielfalt verloren. Die »Gestalttherapie« nach Perls, Perls und Goodman sowie Maslows »Psychologie des Seins« sollen nachfolgend weiter vertieft werden.

5.2 Gestalttherapie

5.2.1 Einführung

Die Gestalttherapie (GT) wurde Ende der 40er Jahre von dem Berliner Psychiater und Psychoanalytiker Friedrich (»Fritz«) S. Perls, seiner Frau, der Gestaltpsychologin und Psychoanalytikerin Lore Perls sowie dem Literaturwissenschaftler und Sozialphilosophen Paul Goodman ins Leben gerufen. Während Lore Perls' und Paul Goodmans ausgeprägte philosophische Neigung eher den dialogischen und reflektiven Charakter der Gestalttherapie prägten, galt Fritz Perls' primäres Interesse der Entwicklung eines wirkungsvollen Instrumentariums und der praktischen Arbeit. Ihm haftet der Ruf außergewöhnlichen Charismas an, aber auch der von extremem Egozentrismus und Kritikempfindlichkeit.

Bei der Gestalttherapie handelt es sich um ein tiefenpsychologisch fundiertes, holistisches Psychotherapiesystem, gekennzeichnet durch philosophische Grundannahmen des Existentialismus [62], einen phänomenologischen, gegenwarts- und personenzentrierten Ansatz sowie Elemente östlicher Meditationsformen.

Im Mittelpunkt stehen lebenslanges persönliches Wachstum und Selbstverwirklichung. Die Gestalttherapie geht im Unterschied zur klassischen psychoanalytischen Auffassung von einer grundsätzlich sozialen Natur des Menschen aus. Die Sicht des Organismus als integrales Moment von Körper, Seele und Geist lässt sich am besten mit Leibniz und Kant in Verbindung bringen, die dem Ganzen eine ihm innewohnende Kraft, ein immanentes zweckhaftes Verhalten im Sinne einer organischen Weisheit zuschreiben. »Because with full awareness you become aware of this organismic selfregulation, you can let the organism take over without interfering, without interrupting; we can rely on the wisdom of the organism.«[63]

Jeder Körper weiß um seine Bedürfnisse; jeder Mensch trägt die Antworten auf seine Fragen in sich. Das Bestreben jedes Organismus ist ein Zustand des Gleichgewichts und damit ein Stadium von Bedürfnislosigkeit. Abweichungen von diesem Soll werden durch ausgleichende Bewegungen zu beheben versucht.

Perls verglich diesen Vorgang mit dem Prinzip der Homöostase, einem beständigen Prozess und fließenden Übergang von der Bedürfnisspannung zur Bedürfnisbefriedigung. Im Zustand aufmerksamer Wachheit, der »Awareness«, gelingt es dem Organismus, seine Bedürfnisse zu bemerken. Diese Wahrnehmung äußerer und innerer Wirklichkeiten kann immer nur gegenwärtig geschehen, weshalb Perls die Begriffe Wirklichkeit und Gegenwärtigkeit synonym verwendet: »Now = experience = awareness = reality.«[64]

Das Hauptproblem für ein Individuum besteht darin, eigene Wünsche mit gesellschaftlichen Werten in Einklang zu bringen. Sind diese Werte und Normen der menschlichen Natur entfremdet, werden die »von Grund auf soziale Natur«[65] des Organismus und die Bildung der Persönlichkeit eingeschränkt, unterdrückt und damit korrumpiert. Ist eine Gesellschaft insgesamt neurotisch, müssen es auch ihre Mitglieder sein.

»I consider that the basic personality in our time is a neurotic personality. This is a preconceived idea of mine, because I believe we are living in an insane society and that you only have the choice either to participate in this collective psychosis or to take risks and become healthy and perhaps crucified.«[66]

5.2.2 Zentrale Begriffe der Gestalttherapie

Veränderung
Im Unterschied zu kognitiv orientierten psychologischen Richtungen wie etwa der Verhaltenstherapie glaubt die Gestalttherapie nicht an die Möglichkeit nennenswerter Veränderungen aufgrund programmatischer Veränderungswünsche oder Vorsätze. Veränderung geschieht über Einsicht

und tieferes Verstehen eigener Widerstände und neurotischer Abwehrmechanismen sowie über die Akzeptanz und Reintegration abgespaltener Persönlichkeitsanteile, wogegen bewusste Veränderungsvorsätze lediglich die Behandlung eines Symptoms durch Unterdrückung bieten.

Perls bedient sich zur Illustration dieses Zusammenhanges des Bildes zweier tragischer Figuren: eines Topdogs, gekennzeichnet durch imperative Aussagen, und eines Underdogs, vergleichbar der Rolle eines ohnmächtigen, lustlosen Kindes. Während der Topdog Wünsche, Ansprüche und Drohungen äußert (»Sei locker, gehe auf Menschen zu, traue Dich!«), windet sich der Underdog in Ausflüchten (»Ich tue schon, was ich kann, mehr geht einfach nicht, ich habe es versucht«); damit bestimmt er letztlich die Situation.

Topdog und Underdog stellen zwei einander entgegen gerichtete Energiepotentiale dar. Sie heben sich gegenseitig auf, wodurch allenfalls Anstrengung, jedoch keine Bewegung und damit keine Veränderung bzw. kein Fortschritt entsteht.

Gestalt
Im Konzept der Gestalttherapie bildet das ganze Leben des Menschen – bestehend aus seinen Erfahrungen, den »unerledigten Geschäften [67]« sowie dem Fluss gegenwärtiger Erfahrungen – den Hintergrund, vor den jederzeit »Gestalten« in den Vordergrund treten und im Erleben vorrangige Bedeutung erhalten können.

Eine solche Gestalt drückt ein aktuelles Bedürfnis des Organismus aus; es drängt danach, erfüllt zu werden, womit sich die Gestalt schließen und wieder in den Hintergrund zurücktreten kann. Jede erfolgreich geschlossene Gestalt verändert auch die Figur-Grundstruktur des Hintergrundes, indem sie sich den bisherigen Erfahrungen einreiht. Bleibt eine Gestalt geöffnet, etwa aufgrund der momentanen Unerfüllbarkeit eines Wunsches, wird sie von anderen, momentan dringlicheren Bedürfnissen in den Hintergrund gedrängt und bleibt dort als Schwachstelle zurück, um bei der nächsten Gelegenheit erneut in den Vordergrund zu treten und der »Tendenz zur Schließung offener Gestalten«[68] gerecht zu werden.

Offen gebliebene Gestalten beeinträchtigen ab einer gewissen Anzahl und Intensität die geistige wie auch körperliche Kraft und Frische; sie äußern sich in zwei Varianten: entweder, indem sich der Mensch zwanghaft auf eine unechte Erfüllung des in den Hintergrund gedrängten Bedürfnisses fixiert, oder in einem Zustand dauernden Gehetztseins. In der Folge können geplante Vorhaben und Bedürfnisse nur schwerlich realisiert werden, sie werden bestenfalls oberflächlich behandelt. Die Erlebnisfähigkeit ist reduziert, Wahrnehmung, Gedanken und Gefühle erreichen nur eine begrenzte Tiefe.[69]

Neurosen erklärt die Gestalttherapie über abgespaltene Persönlichkeitsanteile, die der betreffende Mensch nicht mit seinem Selbstbild vereinen kann und demzufolge negiert. Wegen des auf diese Weise fehlenden Hintergrundes können bestimmte Gestalten im Vordergrund nicht wahrgenommen werden; sie bleiben geöffnet. Wird ein Mensch etwa konsequent durch Unterdrückung erzogen, bleibt ihm, um diese Zeit zu überleben, keine andere Möglichkeit, als sämtliche Anteile von Gegenwehr, Aggression und Wut abzuspalten; sie stehen ihm später selbst in Situationen der erforderlichen Gegenwehr, des Durchsetzens und der Konfrontation nicht mehr im Gefühlsrepertoire zur Verfügung.

5.2.3 Lebenspraktische Folgerungen

Aus der Denkweise der Gestalttherapie ergeben sich folgende lebenspraktische Konsequenzen.

Akzeptanz negativer Regungen als wertvolle Handlungsimpulse
Wenn auch in zivilisierten Gesellschaften in der Regel nicht mehr in der ursprünglichen Form benötigt, ist der Mensch dennoch aufgrund seiner Entwicklungsgeschichte mit einem sensibel ansprechenden Apparat der Verteidigung und Fortpflanzung ausgestattet, welcher ihm letztlich das Überleben in einer unwirtlichen Umgebung sicherte. Die Folge im täglichen Leben sind Handlungsimpulse aus diesen Instanzen, die sich unter Umständen mit dem Bild eines zivilisierten, moralisch untadeligen Menschen nicht vereinbaren lassen.

Auch wenn es zumeist nicht sinnvoll ist, diese Impulse uneingeschränkt auszuleben, sollten sie doch wahrgenommen und nicht etwa verleugnet oder rationalisiert werden. Denn durch das bewusste Erkennen aufsteigender Gestalten besteht die Chance einer Veränderung der gegenwärtigen Situation, etwa indem man sich von einer beschädigenden oder unbefriedigenden Beziehung oder auch einem Arbeitsverhältnis löst, welche letztlich der Anlass für übermäßige Wut und Aggressionen war. Darüber hinaus besteht die Möglichkeit, erkannte, jedoch unerfüllbare Wünsche und Impulse zumindest anteilig zu leben und damit die Gestalt zu schließen.

Erweiterung des Erfahrungs- und Handlungsrepertoires
Je mehr Erfahrungen ein Mensch im Leben gemacht hat und je mehr Zugang er zu seinen unterschiedlichen Persönlichkeitsanteilen hat, umso besser kann er auftauchende Gestalten wahrnehmen und vollenden.

Viele Wünsche und Impulse werden aus Angst vor den erwarteten Handlungsfolgen ignoriert. Dabei sind diese bei näherer Betrachtung oft völlig unbedrohlich. Die psychologisch-lebenspraktische Folgerung wäre also: im Zweifelsfalle ausprobieren und damit das persönliche Handlungs- und Erfahrungsrepertoire erweitern.

Keine guten Vorsätze
Nach der Gestalttherapie sind gute Vorsätze primär ein Mittel der Selbstbeschwichtigung und des Selbstbetrugs. Sie vermitteln das beruhigende Gefühl, etwas zu tun oder getan zu haben, verändern jedoch im Grunde nichts an der Situation, sondern frustrieren vielmehr aufgrund anhaltender Erfolglosigkeit.

Diese Art der »guten« Vorsätze ist gekennzeichnet durch:

- Aussagen im Optativ: »eigentlich sollte ich ...«, »ich müsste eigentlich ...«
- Die Knüpfung an externe Bedingungen und Forderungen im Konjunktiv: »wenn nur endlich ..., dann könnte ich ...«
- Irreale Bedingungssätze des Prinzips einer Vertagung in die Zukunft: »wenn ich meine Krise überwunden habe ...«, »wenn es mir wieder besser geht ...«.

Der Mensch versucht also, Konflikten auszuweichen, indem er die Vergangenheit durchwühlt, sein Handeln an externe, nicht beeinflussbare Bedingungen knüpft oder seine Aktivität weit in die Zukunft legt. Leben geschieht nach der Gestalttherapie jedoch nur im Hier und Jetzt:

Ich sollte/ich müsste ...	Ich werde ...
... niemals mehr dorthin gehen.	... niemals mehr dorthin gehen.
Ich ginge gern ...	Ich gehe (nicht) ...
... ins Theater.	... ins Theater.
Ich wäre gern ...	Ich mache Folgendes ...
... sportlich.	... und bin damit sportlich.
Eines Tages, wenn ...	Ich handle jetzt.
... ich meine Probleme überwunden haben werde, dann ...	

Tab. 23: Wunsch und Wirklichkeit

Keine zwanghaften Versuche der Selbstveränderung
Statt zwanghafter Versuche der Selbstveränderung Klarheit über Sinn und Funktion des eigenen Verhaltens. Ein krampfhaftes Unterdrücken unerwünschter Impulse und Handlungsmuster hätte lediglich eine Symptomverschiebung zur Folge; an anderer Stelle würde also ein neues Problem entstehen.

Nach der Gestalttherapie beginnt grundlegende Veränderung mit der Einsicht in Mechanismen der Vermeidung und neurotische Abwehrmechanismen. Erst diese Einsicht ermöglicht es dem Individuum, sich von Verhaltensmustern zu lösen und damit Raum für Wachstum und Entwicklung zu schaffen. Die auf diese Weise frei wirkenden Kräfte der Homöostase ermöglichen eine Weiterentwicklung und den Ausbau des individuellen Potentials.

Versöhnung und Selbstakzeptanz
Jede für den Erwachsenen hemmende und störende Eigenart bzw. Verhaltensweise hatte in der Zeit der kindlichen Entwicklung ihren Sinn und

erfüllte die Funktion einer überlebensgerechten Anpassung an die Umgebung. Aus diesem Blickwinkel betrachtet erscheinen persönliche Schwächen und Defizite in einem versöhnlicheren Licht; es fällt leichter, sich selbst mit seinen Eigenarten zu akzeptieren und resignierte Versuche des Vertuschens und Verdeckens etwaiger Mängel zu unterlassen.

Erst über die Akzeptanz, das Annehmen dieser Eigenarten als das, was sie sind – ein Teil der persönlichen Entwicklung im Kontext einer Anpassungsleistung in der Vergangenheit –, können diese ohne die Last eigener Schuldzuweisungen angenommen und gesehen werden. Dies ist die Voraussetzung für eine wirkliche Veränderung in der Gegenwart.

Überprüfen gesellschaftlicher Konventionen
Ein großer Teil gesellschaftlicher Konventionen, Normen und so genannter Werte wirken der menschlichen Entfaltung und Entwicklung entgegen. Sie sind repressiv und entstanden im hauptsächlichen Interesse von Personen aus Wirtschaft, Kirche und Politik. Das Wohlergehen des Einzelnen war oft nur insoweit von Bedeutung, als es jenen Personen persönlich dienlich war, etwa durch eine Steigerung des Gewinns, des Einflusses oder der Macht.

Bestandteile der in Industrienationen vorhandenen Strukturen scheinen zudem mit der menschlichen Natur unvereinbar und pathologisch zu sein. Dies belegen die Zahlen psychischer Erkrankungen ebenso wie der hohe gesellschaftliche Anteil von Drogen- und Alkoholmissbrauch.[70] Daher scheint es angebracht, Konventionen nicht einfach als Tatsachen oder feste Maßstäbe hinzunehmen, sondern sie auf ihre Bedeutung wie auch den persönlichen Sinn zu überprüfen und schließlich eigene Orientierungsmaßstäbe, Ziele und Wünsche zu entwickeln.

Im Folgenden einige Fragen[71] zur persönlichen Wert- und Zielentwicklung:

- Was ist mir wirklich wichtig?
- Was wünsche ich mir tatsächlich von ganzem Herzen?
- Was erwarte ich von mir?
- Was erwarte ich von anderen?
- Wie sollen meine Lebensumstände sein?

Die erarbeiteten Richtlinien sollten dabei folgenden Überprüfungskriterien standhalten:

- Sind sie klar, unmissverständlich, konkret und ohne Ausweichmöglichkeiten formuliert?
- Sind sie realistisch umsetzbar bzw. erreichbar?
- Sind sie sozial verträglich und legal?
- Wie würde mein Leben bei konsequenter Umsetzung in fünf Jahren aussehen?

Gemeinhin erfordert die Umsetzung eines Ziels mehrere konkrete Zwischenschritte. Beispielsweise der Wunsch, anerkannt und beliebt zu sein.

- Welche Eigenschaften machen einen Menschen beliebt?[72] Zuverlässigkeit, Einschätzbarkeit, Selbstkontrolliertheit ...
- Wie kann ich meine Zuverlässigkeit, sofern notwendig, erhöhen? Zum Beispiel durch die Anschaffung eines Terminplaners, indem ich die Uhr um fünf Minuten vorstelle, indem ich früher ins Bett gehe, durch die Anschaffung einer Armbanduhr mit Alarmfunktion, eine Pinnwand zur Erinnerung ...

Mit Hilfe vieler kleiner Schritte und konkreter Maßnahmen werden Sie Ihr Ziel nach und nach erreichen.

Leben im Grenzbereich der Möglichkeiten
Entgegen gängigen Vorstellungen ist der Bereich der persönlichen Freiheit, des individuellen Verhaltensspielraumes innerhalb eines sozialen Gebildes relativ gering. Schon kleine Abweichungen von Selbstverständlichkeiten, Konventionen oder auch Moden der Gesellschaft bzw. individueller Gruppen wie etwa Familie und Freundeskreis werden mit empfindlichen Sanktionen, beispielsweise sozialer Isolation oder dem Entzug der materiellen Lebensgrundlage (Arbeitsplatz), bedacht. Schon das Tragen völlig aus der Mode gekommener Kleidungsstücke würde für viele Menschen als Grund für eine distanzierte Haltung ausreichen – allein schon

aus Furcht, mit derjenigen Person identifiziert und ähnlich sanktioniert zu werden.

Angst vor Sanktionen scheint allgemein für viele Menschen der Grund zu sein, selbst den geringen von Gesellschaft und sozialem Umfeld zugebilligten individuellen Spielraum freiwillig aufzugeben und zu Mitläufern zu mutieren. Dies ist zwar die sicherste Methode, Kollisionen aus dem Weg zu gehen, doch bietet sie keinerlei Möglichkeiten der persönlichen Entfaltung und des Wachstums.

Fortschritt entsteht immer dort, wo Grenzen und Gegensätze aufeinanderstoßen. Die großen Wachstumsschritte der Menschheit, kollektiv aber auch individuell, sind an den Grenzen der Konventionen, Selbstverständlichkeiten, Denkmöglichkeiten und Moden entstanden. Deshalb:

- Nutzen Sie den Spielraum bis an die Grenzen dessen, was zuträglich ist.
- Pflegen Sie eine individuelle Lebensführung, ohne die Schranke zur gesellschaftlichen Sanktion zu überschreiten.
- Schöpfen Sie das Leben mit all seinen Möglichkeiten zur Gewinnung neuer Erfahrungen und Fortschritte aus.

5.3 Humanistische Psychologie des Seins

5.3.1 Einführung

Der amerikanische Psychologe Dr. Abraham H. Maslow gehört mit dem amerikanischen Psychologen Carl R. Rogers zu den Begründern und wichtigsten Vertretern der Humanistischen Psychologie. Im Unterschied zu seinen psychoanalytischen oder behavioristischen Kollegen untersuchte er keine erkrankten, sondern gesunde, besonders sinnerfüllt lebende und zufriedene Menschen, um Eigenheiten und Gemeinsamkeiten in deren Lebensphilosophie und Lebensführung zu ergründen und zu systematisieren.

Er stieß dabei auf eine Struktur von gegenseitig determinierten menschlichen Bedürfnissen, deren Erfüllung das Offenkundig-Werden von Charaktermerkmalen wie Zuneigung, Selbstachtung, Selbstvertrauen oder Sicherheit gestattet.[73] Als sekundäre Folge einer allgemeinen Bedürfnisbefriedigung nennt Maslow allgemeine menschliche Wesenszüge wie Freundlichkeit, Großzügigkeit, Selbstlosigkeit, Größe, Gleichmut, Heiterkeit, Zufriedenheit und Glücklichsein.

5.3.2 Hierarchie der menschlichen Bedürfnisse

Maslow hat die menschliche Bedürfnisstruktur in fünf unterschiedliche, hierarchisch aufeinander aufbauende Bereiche eingeteilt.[74]

Abb. 24: Die Bedürfnispyramide nach Maslow.

Physiologische Bedürfnisse
Den ersten und mächtigsten Bereich der Bedürfnispyramide nach Maslow stellen die physiologischen Bedürfnisse dar. Sie beinhalten somatisch leicht lokalisierbare Bedürfnisreaktionen wie Hunger, Durst oder Schlaf ebenso wie das Verlangen nach Obdach oder Wärme. Befindet sich eines dieser Bedürfnisse im Zustand des Mangels, verwendet der Organismus sämtliche verfügbaren Ressourcen zur Behebung des Defizits und drängt

alle anderen Bedürfnisse in den Hintergrund. Ein Mensch mit extremem Hungergefühl wird nicht in der Lage sein, ein abstraktes gedankliches Problem zu lösen, ein Musikstück zu komponieren oder ein Bild zu malen. Seine gesamte Wahrnehmung, sein Gedächtnis, seine Visionen werden in unterschiedlichster Form auf die Nahrungsaufnahme konzentriert sein bis der Hunger gestillt ist und dieses Bedürfnis in den Hintergrund tritt.

Sind alle physiologischen Bedürfnisse in quantitativer wie qualitativer Form gestillt, treten die nächst höheren Bedürfnisse in den Vordergrund.

Sicherheitsbedürfnisse

So wie hinreichend gestillte physiologische Grundbedürfnisse das Fundament für biologisches Leben liefern, entspricht das Gefühl von Sicherheit dem psychischen Fundament für jegliche Form der Expansion, für Wagnisse und neue Erfahrungen. Neugier und die natürliche Lust auf Wissenserweiterung können erst auf der Basis eines sicheren Gefühls entstehen.

»Das Kind in einer fremden Umgebung wird charakteristischerweise an seiner Mutter hängen und sich dann erst ein wenig von ihrem Schoß weg vorwagen, um die Dinge zu erforschen und zu untersuchen. Wenn die Mutter verschwindet und das Kind erschrickt, verschwindet auch die Neugier, bis die Sicherheit wiederhergestellt ist.«[75] Diese Reaktion kann auch als Indiz für zu wenig Sicherheit der Kinder in ihren Familien und folglich im gesellschaftlichen Kontext verstanden werden. Wachsen Kinder in einem liebevollen und vertrauenerweckenden Familienklima auf, fühlen sie sich sicher genug, um nur bei tatsächlich bedrohlichen Situationen alarmiert zu reagieren.

Während in unserer westlichen Zivilisation eine existentielle Bedrohung durch wilde Tiere, Naturgewalten, kriminelle Attacken, Chaos oder Tyrannei eher in den Hintergrund tritt, bringt eine unvergleichliche Pluralität an Lebensmöglichkeiten, etwa in der Berufswahl, der Wahl des Glaubens oder der Freizeit- und Lebensgestaltung neue Unsicherheiten und Unwägbarkeiten mit sich. Die gegenwärtigen Versuche, Sicherheit und Stabilität in der Welt zu erlangen, sind erkennbar im Wunsch nach Versicherungen verschiedener Art, Geldanlagen, der Ehe, einer erklärenden Weltanschauung und der allgemeinen Bevorzugung des Bekannten gegenüber dem Unbekannten. Sind diese elementaren Bedürfnisse ausreichend befriedigt, melden sich die Bedürfnisse nach Zugehörigkeit, Nähe und Liebe.

Bedürfnisse nach Zugehörigkeit, Nähe und Liebe
Die Bedürfnisse nach Zugehörigkeit, Nähe und Liebe beschreiben den allgemeinen Wunsch nach aufgehoben sein innerhalb eines nach außen abgegrenzten sozialen Kontextes in unterschiedlicher Intensität.

Zugehörigkeit bedeutet Wunsch nach Identifikation und Verbundenheit zu einem eigenen Clan, der eigenen Art, etwa einer Subkultur; in abgeschwächter Form auch zu einer Region, einem Heimatort, einem Verein, einer Gruppe oder Familie im Kontext einer gemeinsamen Geschichte oder gegenwärtigen Idee.

Nähe heißt innere, persönliche Verbundenheit und Vertrautheit mit der Option des Einblicks in die persönliche Welt des anderen und umgekehrt.

Das Liebesbedürfnis in gesunder Form umfasst das Geben und Empfangen von Liebe.

Bedürfnis nach Achtung und Anerkennung
Das Bedürfnis nach Achtung und Anerkennung lässt sich in folgende zwei Bereiche aufteilen: Selbstachtung und Anerkennung durch andere.

Selbstachtung äußert sich durch den Wunsch nach	Anerkennung durch andere äußert sich durch den Wunsch nach
Stärke	Prestige
Leistung	Status
Bewältigung	Berühmtheit
Kompetenz	Dominanz
Vertrauen anderer	Anerkennung
Unabhängigkeit	Aufmerksamkeit
Freiheit	Bedeutung

Tab. 25: Selbstachtung und Anerkennung

Diese Bedürfnisse nach Anerkennung bedeuten eine relative Abhängigkeit von der äußeren Umwelt mit ihren Wünschen und Zwängen und sind nur durch andere Menschen erfüllbar. Sind sie jedoch erfüllt, tritt das in der

Bedürfnispyramide am höchsten platzierte Verlangen in den Vordergrund, der Wunsch nach Selbstverwirklichung.

Selbstverwirklichung
Voraussetzung für den Schritt zur Selbstverwirklichung ist ein Zustand weitgehender Erfülltheit grundlegender Bedürfnisse. Erst dann wird es dem Menschen möglich sein, relativ unabhängig von den Erwartungen, Wünschen und Ansprüchen der Umgebung zu handeln, wie auch seine Individualität voll zu entwickeln; denn Bedürfnisse nach Sicherheit, Zugehörigkeit, Liebe und Achtung können vom Menschen nicht aus sich heraus, sondern nur von anderen erfüllt werden, was für ihn eine beträchtliche Abhängigkeit bedeutet.»Von einem Menschen dieser Abhängigkeitsposition kann man nicht wirklich sagen, dass er sich selbst regiert oder sein eigenes Schicksal kontrolliert. Er muss von den Versorgungsquellen der notwendigen Befriedigung abhängig sein. Ihre Wünsche, ihre Launen, ihre Regeln und Gesetze beherrschen den Menschen und müssen erfüllt werden, um seine Versorgungsquellen nicht zu gefährden.«[76] Aufgrund dieser Abhängigkeit und Unsicherheit besteht im Menschen ein gewisses Maß an Furcht vor unliebsamen Reaktionen seiner Umgebung.

Erst eine zulängliche Versorgung des Körpers, der Bedürfnisse nach Sicherheit, Zugehörigkeit und Wertschätzung schafft die Voraussetzung für freies Handeln und damit »alles zu werden, was zu werden man fähig ist.«[77]

5.3.3 Interpersonale Beziehungen

Die Abhängigkeit
eines Menschen von seiner Umwelt aufgrund unerfüllter Bedürfnisse bedingt seine interpersonalen Beziehungen und begrenzt sie. In diesem Falle besteht die Tendenz, Menschen primär als Bedürfnisbefriediger oder Versorgungsquellen wahrzunehmen. Beziehungen werden eher vom Standpunkt der Nützlichkeit aus gesehen, Menschen erfüllen Funktionen oder Dienstleistungen wie etwa ein Kellner oder ein Automechaniker und sind weitgehend austauschbar. Für den nach Anerkennung und Bestätigung

hungernden Menschen macht es relativ wenig Unterschied, woher seine »Nahrung« kommt; jeder, der sie liefert, ist so gut wie der andere. Diese Haltung ist insofern fatal, als sie das Gegenüber zu einem Zweck missbraucht und förmlich dazu zwingt, ebenfalls Rechnungen aufzustellen.

Ein unverstellter, ganzheitlicher Blick auf die objektiven Eigenschaften eines Menschen wird erst möglich im Zustand der relativen Wunschlosigkeit.

5.3.4 Lebenspraktische Folgerungen

Voraussetzung für dauerhafte psychische Gesundheit, Erfüllung und Ausgeglichenheit ist nach Maslow eine ausgewogene Versorgung der menschlichen Grundbedürfnisse (vgl. Kapitel 5.2.2). Anhaltende Einseitigkeit der persönlichen Lebensführung durch Fixierung auf einzelne Ziele, Interessen, Kontakte und Verhaltensbereiche oder durch Unkenntnis führen zu einer Einengung der persönlichen Entfaltung wie auch der Erlebnisfähigkeit und in der Folge zu depressiven Erlebnisformen und Stagnation. Das Leben sinnentleert sich und wird als eintönig, anstrengend, trübe und schwer empfunden; die Lebensfreude schwindet.

Im Folgenden nun Möglichkeiten, den jeweiligen Bedürfnissen gerecht zu werden:

Physiologische Bedürfnisse
Insbesondere in Krisensituationen wird der Bereich physiologischer Bedürfnisse häufig vernachlässigt. Einseitige Mangelernährung, reduzierte Körperpflege, Genussmittelmissbrauch, unregelmäßiger und unzureichender Schlaf, wenig Sport und Entspannung destabilisieren die körperliche Basis des Menschen.

Anbei einige Anregungen zur hinreichenden Erfüllung physiologischer Bedürfnisse:

- Sportliche Aktivitäten.
- Ausreichender Schlaf.

- Bewusst gewählte, ausgewogene und gesunde Ernährung.
- Ruhig, genussvoll und bewusst Essen.
- Entspannungsübungen (Autogenes Training, Yoga, Tai-Chi).
- Bewusste Körperpflege.
- Wellness, Sauna.
- Körperliche bzw. handwerkliche Arbeit nach eigenem Wunsch.
- Kontrollierter Rückzug (Badewanne, Wald).
- Zärtlichkeitswünsche und Sexualität bewusst bejahen und zu ihrer Erfüllung beitragen.
- Kurze Entfernungen mit dem Fahrrad oder zu Fuß zurücklegen.
- Gezielt auf Alkohol und andere Genussmittel verzichten.
- Tanzen.
- Sich an Kraft und Ausdauer völlig verausgaben, Spüren des Atems und der Muskelspannung.
- Sich sonnen, ins Solarium gehen.
- Sich massieren lassen.

Sicherheitsbedürfnisse
In der Hierarchie der Grundbedürfnisse steht Sicherheit für das psychische Fundament, für den Ausgangspunkt neuer Wagnisse und Fortschritte. Die psychlogisch-lebenspraktische Folgerung wäre also, im Untergrund schwelende Ungewissheiten zu beleuchten und sich, soweit sinnvoll und möglich, Klarheit über den gegenwärtigen Stand zu verschaffen: Reicht mein Einkommen für meine Bedürfnisse? Habe ich Rücklagen für etwaige Notfälle? Finde ich in meiner Partnerschaft Konstanz, Beständigkeit und Verlässlichkeit? Wie steht es um meine Gesundheit? Inwieweit kann ich mich auf meinen Freundeskreis verlassen?

Nach der Bestandsaufnahme besteht die Möglichkeit, Gründe für Missstände zu identifizieren und Schritte zur Abhilfe und Veränderung einzuleiten:

- Wie kann ich mich finanziell besser absichern?
- Wo liegt das Problem in meiner Partnerschaft? Kann (s)ich etwas ändern?
- Wie kann ich meinen Körper angemessen versorgen und gesund erhalten?

- Welche Beziehungen sollte ich neu definieren oder beenden?

Darüber hinaus lässt sich auch im Alltag über Gewohnheiten, Rituale und persönliche Traditionen ein stabiles Sicherheitsfundament aufbauen, etwa durch:

- Schaffung eines soliden Ordnungssystems.
- Auflisten der noch zu erledigenden Sachen.
- Sofortiges Beantworten von Briefen.
- Ordnen von Unterlagen.
- Vorausplanen (Freizeitaktivitäten, Urlaub oder Wochenende).
- Weglassen überflüssiger Gegenstände, Aktivitäten und Reize.
- Regelmäßiges Aufräumen und Säubern des Wohnraumes.

Bedürfnisse nach Zugehörigkeit, Nähe und Liebe
Erst das Gefühl von Sicherheit, Zugehörigkeit und Wertschätzung und die damit verbundene relative Befreiung von Ängsten ermöglicht dem Menschen eine autonome, individuelle und unabhängige Lebensführung.

Erfüllte Zuwendungs- und Kontaktbedürfnisse bei gleichzeitiger Sicherheit durch das Gefühl der Zugehörigkeit ermöglicht ein gesundes und nährendes soziales Umfeld, als Resultat etwa einer Haltung von Wertschätzung und Anerkennung für die mitmenschliche Umgebung (vgl. Kapitel 2.3).

Im Folgenden einige Vorschläge zur Förderung von Kontakten:

- Zeigen Sie Sympathie.
- Helfen Sie anderen und bitten Sie auch selbst um Hilfe.
- Klären Sie problematische Beziehungen.
- Teilen Sie Probleme und Sorgen mit anderen.
- Sprechen Sie eigene Gefühle an und berücksichtigen Sie fremde Gefühle und Wahrnehmungen.
- Schließen Sie sich einer Gruppe, einem Verein oder einem Projekt an.
- Machen Sie spontan Geschenke.
- Versuchen Sie, sich in andere hineinzuversetzen.
- Suchen Sie neue Kontakte, ohne die Pflege der vorhandenen Kontakte

zu vernachlässigen.

Bedürfnis nach Achtung und Anerkennung
Der Wunsch nach Leistung und Prestige beinhaltet die Anerkennung durch die soziale Umgebung ebenso wie das Bedürfnis, nach eigenen Maßstäben Anerkennenswertes zu erreichen.

Nachfolgend einige Anregungen zur Erfüllung dieser Bedürfnisse:

- Wiederkehrende Wünsche beachten und nach Lösungen oder Möglichkeiten einer Annäherung suchen.
- Sich selbst für Erfolg und Leistungen belohnen.
- Sich zu ungewöhnlichen und anstrengenden Handlungen überwinden.
- Probleme und Schwierigkeiten sofort angehen.
- Engagement zeigen.
- Mehr als das Notwendige tun.
- Fertigkeiten und Kenntnisse erweitern.
- Erfolge vor sich und anderen sichtbar machen.
- Lob akzeptieren.
- Erfolge auskosten.
- Niveau in der Lebensgestaltung zeigen, auch für sich allein.
- Sich selbst etwas gönnen, sich selbst Gutes tun.
- Dinge selbst zu erledigen versuchen (z.B. Reparaturen).
- Dinge sofort erledigen.

Selbstverwirklichung
Wurden mit den bisherigen Bedürfnissen eher die praktischen, zweckgebundenen Aspekte des Lebens behandelt, verfolgt der Wunsch nach Selbstverwirklichung mehr einen spielerisch-freien Gesichtspunkt des Daseins.

Möglichkeiten der Selbstverwirklichung:

- Beschäftigung mit religiösen bzw. philosophischen Fragen.
- Auseinandersetzung mit sozialen oder politischen Problemen.
- Verfolgen von Hobbys und Interessen.

- Bewusstes Wahrnehmen und Unterlaufen von Manipulationsversuchen aus Werbung und Politik
- Künstlerisch-musische Betätigung.
- Bewusst Musik hören oder lesen.
- Einen Film nach bestimmten Aspekten bzw. Kriterien ansehen.
- Meditation.
- Spielen, unvernünftig sein.
- Zweckfreie Unternehmungen.
- Mit sich selbst experimentieren.
- Erweitern des persönlichen Horizonts durch den Besuch von Kursen, durch Gespräche mit Personen anderer Kulturen oder Bildungsschichten.
- Reisen unternehmen.
- Befolgen innerer Impulse.
- Sagen, was man denkt.
- Vertreten der eigenen Meinung.
- Reflektieren des eigenen Lebens, Feedback einholen.

Ganzheitliche Sicht der mitmenschlichen Umgebung
Tief empfundene zwischenmenschliche Nähe wird erst losgelöst von allem funktionalen Denken möglich. Es zählt primär nicht das Ergebnis einer Begegnung, nicht das erhoffte Resultat, sondern die Begegnung selbst, die Konzentration auf das Gegenüber in seiner Vielfalt, Einzigartigkeit und Schönheit im Sein. Diese erwartungsfreie Haltung ermöglicht es dem Menschen, seinen inneren Regungen zu folgen und sich in voller »Blütenpracht« zu zeigen.

Die Erwartung eines bestimmten Ereignisses, etwa des Versorgt-Werdens mit Zärtlichkeit, Anerkennung oder Unterhaltung, beschränkt das Blickfeld auf diese eine Perspektive und schließt neue Erfahrungen mit jener Person beinahe prinzipiell aus. So wird sie zum bloßen Dienstleister, zu einer Funktion degradiert.

Mut zur Naivität
Die Ich-Psychologen sprechen, ohne auf die begriffliche Herkunft aus der Psychoanalyse Rücksicht zu nehmen[78], bei der »Regression« von einer

»vorübergehenden Abkehr von der realen Welt.« Dies schließt ausgelassenes Herumalbern ebenso ein wie bewusste Naivität oder die Fähigkeit zu lieben. Während ein Kind noch in der Lage ist, Dinge »wie beim ersten Mal« wahrzunehmen, gelingt dies einem Erwachsenen kaum. Selbst wenn er Neues sieht, hört oder entdeckt, ist er sofort damit beschäftigt, es zu vergleichen, zu bewerten, zu billigen, zu abstrahieren, zu benennen, zu beziehen, zu analysieren und einzuordnen ohne es in seiner Gesamtheit wahrzunehmen. Dadurch beschränkt er sein Blickfeld auf einen kleinen Bildausschnitt. Neues, Wesentliches kann dadurch nicht wahrgenommen und erkannt werden, es wird ausgeblendet.

Ähnliches geschieht durch eine konkrete Erwartungshaltung und die damit verbundene Funktionalisierung. Sie verhindert das überwältigende Gefühl der Überraschung und schließt außerhalb der Erwartung liegende Erfahrungen aus. Ein Beispiel wäre die erste Fahrt mit einem unbekannten, gut motorisierten Wagen. Sofern man nicht explizit damit rechnet, wird man beim Durchdrücken des Gaspedals von der Beschleunigung des Wagens angenehm überrascht sein, verbunden mit einem Gefühl lustvoller Euphorie. Mit der Zeit gewöhnt man sich daran, die Beschleunigung wird als selbstverständlich erwartet und irgendwann nimmt man sie nicht mehr besonders wahr.

Eine konkrete Erwartung beschränkt also die Erlebnis- und Erfahrungsmöglichkeiten und sorgt letztlich für Eintönigkeit und Tristesse im Leben. Eine Abhilfe stellt für viele Menschen schließlich nur noch ein mit Hilfe von Drogen oder Alkohol künstlich herbeigeführter Zustand der »Regression« dar.

Weiterführende Literatur

Adler, A.: Lebenskenntnis, Fischer Verlag, Frankfurt am Main, 1997
Adler, A.: Wozu leben wir?, Fischer Verlag, Frankfurt am Main, 1999
Adler, A.: Menschenkenntnis, Fischer Verlag, Frankfurt am Main, 2000
Berne, E.: Spiele der Erwachsenen, rororo, Hamburg, 2001
Berne, E.: Was sagen Sie, nachdem Sie »Guten Tag« gesagt haben?, München, 1975
Berne, E.: Transactional Analysis in Psychotherapy, New York, 1961
Breuer, J. & Freud, S.: Studien über Hysterie, Frankfurt a. M./Hamburg, 1970
Dreikurs, R.: Soziale Gleichwertigkeit. Die Herausforderung unserer Zeit, Stuttgart, 1971
Ellis, A.: Grundlagen und Methoden der Rational-Emotiven Verhaltenstherapie, Pfeiffer, München, 1997
Freud, S.: Zur Psychopathologie des Alltagslebens, S. Fischer Verlag, Frankfurt am Main, 1972
Freud, S.: Darstellungen der Psychoanalyse, S. Fischer Verlag, Frankfurt am Main, 1973
Freud, S.: Abriss der Psychoanalyse, S. Fischer Verlag, Frankfurt am Main, 1953
Harris, Th. A.: Ich bin OK, Du bist OK, Hamburg, 1973
James. M. & Jongeward, D.: Spontan leben, Rowolt Verlag, Hamburg, 1974
Künkel, F.: Einführung in die Charakterkunde, Verlag von S. Hirzel, Stuttgart, 1975
Künkel, F.: Ringen um Reife, Friedrich Bahn Verlag, Konstanz, 1959
Künkel, F.: Die Arbeit am Charakter, Friedrich Bahn Verlag, Konstanz, 1964
Liedloff, J.: Auf der Suche nach dem verlorenen Glück, München, 1980
Maslow, A. H: Motivation und Persönlichkeit, Walter, Olten, 1977
Maslow, A. H.: Psychologie des Seins, Kindler, München, 1973
Perls, F. S.: Gestalt Therapy verbatim, Utah, 1969
Perls, F. S.: Was ist Gestalttherapie?, The Gestalt Journal Press, Köln, 1998
Rautenberg, W. & Rogoll, R.: Werde, der Du werden kannst, Herder, Freiburg im Breisgau, 1987

Stichwortverzeichnis

A

ABC-Modell der Gefühle 102
Abhängigkeit 120
Abwehrmechanismen 18
Adler, Alfred 31
Aggressivität 13
Akzeptanz 110
American Association of Humanistic Psychology 107
Anerkennung 43, 119, 124
Angst
  automatische 15
  Signal- 15
Antreiber 75
Aufzeichnung 58
Ausweichverhalten 100, 103
Autoaggression 20
Automatische Angst 15
Autonomie 76
Awareness 109

B

Bandura, Albert 88
Bannbotschaften 70
Bedürfnislosigkeit 109
Bedürfnispyramide 117
Behaviorismus 107
Berne, Eric 53
Bewusstheit 23, 76
Beziehungsmuster, destruktive 84
Bildwahl 25
Buchstabenmeditation 25

C

Caesar 38

D

Denken im Imperativ 97
Depression 20
Depressive Verstimmung 60
Determinismus 107
Drei-Instanzen-Modell 13
Dressate 36
Dysfunktionales Denken 95

E

Egogramm 79
Eigenart 72
Eigeninteresse, gesundes 102
Ellis, Dr. Albert 101
Enkulturation 97
Entscheidungsfindung 26
Entspannungsmethoden 28
Ersatzgefühle 60, 86
Erziehung, repressive 60
Erziehungsumstände 37
Existentialismus 108

F

Freie Assoziation 23
Fremdbestimmtheit 74
Freud, Sigmund 11
Funktionsmodell der Persönlichkeit 54

G

Gedankenfehler 95
Gemeinschaftsbezogenes Verhalten 42
Gemeinschaftsgefühl 33
Gestalt 110

Gestalttherapie 108
Gleichwertigkeit, zwischenmenschliche 45
Goodman, Paul 108

H

Handlungsrepertoire, Erweiterung 112
Heimchen 39
Hilflosigkeit 58
Homöostase 109, 113
Humanistische Psychologie 107, 116
Hunger nach Stimulation 78

I

Ich-Kontrolle, Verlust 15
Ich-Zustand 54
Identifikation 20
Imagefaktoren 43
Impuls, natürlicher 60
Individualpsychologie 31
Innerer Trend 22, 25
Interpersonale Beziehungen 120
Intimität 76
Irrationale Selbstanweisungen 97

K

Katastrophieren 95
Kathartische Methode 11
Kognitionn 94
Kommunikation 62
Kompensation 40
  negative 40
  positive 42
Konditionieren
  instrumentelles 88
  klassisches 89
  operantes 88, 91
Konventionen, gesellschaftliche 114
Kurskorrektoren 75

L

Lebensgestaltung 24
Lebensplan 36
Lebensskript 69
Leistungsbereitschaft 42
Leistungsideologie 99
Lernen am Erfolg 88, 91
Lernen am Modell 88
Lernprozesse 104

M

Machtstreben 34
Maslow, Abraham H. 116
Menschliche Bedürfnisse 117
Minderwertigkeitsgefühl 34
Minderwertigkeitskomplex 34, 40
Moralbotschaften, einschränkende 82

N

Nähe und Liebe 123
Naivität 125
Negatives Umdeuten 95
Neurose 32

P

Partnerersatz 72
Pawlow, Iwan 87
Perfektionismus 99
Perls, Friedrich S. 108
Perls, Lore 108
Personalisation 97
Personalisierung 96
Persönlichkeitsanteil, abgespalten 110
Phantasiewelten 60
Physiologische Bedürfnisse 117, 120
Positionshunger 77
Psychische Energie 13
Psychoanalyse 11

R

Rationalisierung 21
Rationalität 62
Reaktionsbildung 19
Regression 21
Reintegration 110
Reizassoziation 90
Rogers, Carl R. 116
Rollenvielfalt 36

S

Schlüsselerlebnis 69
Schwarz-Weiß-Denken 95
Schwermut 25
Selbstakzeptanz 113
Selbstbeschwichtigung 112
Selbsterfüllende Prophezeiung 104
Selbstverstärkung 105
Selbstverwirklichung 120, 124
Selbstwertgefühl 43
Sexuelle Energie 14
Sicherheitsbedürfnisse 32, 118, 122
Signalangst 15
Skinner-Box 88
Skinner, Burrhus F. 88
Soziale Ebene 66
Soziale Grunddisposition 33
Soziale Kompetenz 33
Soziales Angebot 42
Soziale Stagnation 41
Sozialisation 97
Spontaneität 76
Spontanerholung 90
Star 38
Stopper 70
Strukturhunger 77
Strukturmodell der Persönlichkeit 54
Sublimation 22, 28
Sublimierung 22
Substitution 19

Suizid 71
Sympathieanspruch, universeller 98
Symptomverschiebung 113

T

Temperamentsanlage 37
Tölpel 39
Topdog 110
Transaktion
  doppelt verdeckte (Duplex-) 67
  gekreuzte 65
  komplementäre 63
  parallele 63
  verdeckte 67
Transaktionsanalyse 53, 62
Transaktionsmuster 83
Triebkonzept 31

U

Übergeneralisierung 96
Überlegenheit 46
Übertragung 21
Underdog 110
Unfinished business 110
Unterdrückung 111
Unterlegenheit 31
Unzufriedenheit 25

V

Veränderung 109
Verdrängung 17
Verhalten 89
Verhaltenstherapie 87
  kognitive 94
  rational-emotive 101
Vermeidungsgrund 74
Verschiebung 19
Verschlossenheit 99
Versöhnung 113

W

Wertschätzung 43
Wunschlosigkeit 121

Z

Zaudern 60
Zugehörigkeit 119

Anmerkungen

[1] Vgl. Breuer, J./Freud, S.: Studien über Hysterie, Frankfurt a. M./Hamburg, 1970, S. 17f
[2] Vgl. Petzold, H.: Wege zum Menschen – Methoden und Persönlichkeiten moderner Psychotherapie, Band 2, Junfermann Verlag, Paderborn, 1984, S.109
[3] Vgl. Petzold, H.: Wege zum Menschen – Methoden und Persönlichkeiten moderner Psychotherapie, Band 2, Junfermann Verlag, Paderborn, 1984, S.103
[4] Freud, S.: Gesammelte Werke XI, London, 1950, S. 294f.
[5] Vgl. Freud, S.: Abriss der Psychoanalyse, Fischer Bücherei, Frankfurt a. M., 1953, S. 10f
[6] Vgl. Engelhardt, D.: unveröffentlichtes Skript „Psychoanalyse", 2001, S. 3
[7] Darüber hinaus ist dieser Ansatz von der kognitiven Verhaltenstherapie (Kapitel 4) adaptiert worden und spielt dort unter dem Terminus der „Löschung" im Kontext der positiven und negativen Verstärkung eine zentrale Rolle.
[8] Vgl. Aldenhövel, H. G.: Grundlagen der Psychotherapie, Verlag Dietmar Klotz, Frankfurt a. M., 1990, S. 189
[9] Myschker, N.: Verhaltensstörungen bei Kindern und Jugendlichen, Stuttgart, 1993, S. 91
[10] Petzold, H.: Wege zum Menschen – Methoden und Persönlichkeiten moderner Psychotherapie, Band 2, Junfermann Verlag, Paderborn, 1984, S.135
[11] Freud, S.: Neue Folge der Vorlesungen zur Einführung in die Psychoanalyse. Die Zerlegung der psychischen Persönlichkeit. In: Gesammelte Werke, Bd. 15, Frankfurt/Main, Fischer Verlag, 1968, S. 86
[12] Vgl. Engelhardt, D.: unveröffentlichtes Skript „Psychoanalyse", 2001, S. 9
[13] Adler, A.: Praxis und Theorie der Individualpsychologie, Wissenschaftliche Buchgesellschaft Darmstadt, 1965, S.1
[14] Adler, A.: Praxis und Theorie der Individualpsychologie Wissenschaftliche Buchgesellschaft Darmstadt, 1965, S. 4
[15] Vgl. Adler, A.: Menschenkenntnis, Frankfurt am Main, 2000, S. 42
[16] Petzold, H (Hrsg.). „Wege zum Menschen" Bd. 2, Paderborn 1984, S. 26
[17] Adler, A.: Der Mann und sein Werk, Wien, 1956, S. 10
[18] Vgl. Adler, A.: Wozu leben wir?, Fischer, 1999, S. 50
[19] Vgl. Künkel, F.: Charakter, Wachstum und Erziehung, Leipzig, 1931, S. 98
[20] Künkel, F.: Charakter, Wachstum und Erziehung, Leipzig, 1931, S. 88
[21] Vgl. Engelhardt, D.: unveröffentlichtes Skript, Psychohygiene, Individualpsychologie, 2001, S. 5
[22] Vgl. Adler, A.: Wozu leben wir?, Fischer Verlag, Frankfurt am Main, 1999, S. 13f.
[23] Vgl. Künkel, F.: Die Arbeit am Charakter, Friedrich Bahn Verlag, Konstanz, 1964, S. 43
[24] Vgl. Adler, A.: Praxis und Theorie der Individualpsychologie, Wissenschaftliche Buchgesellschaft Darmstadt, 1965, S. 5f.
[25] Vgl. Engelhardt, D.: unveröffentlichtes Skript, Psychohygiene, Individualpsychologie, 2001, S.11

[26] Vgl. Adler, A.: Menschenkenntnis, Frankfurt am Main, 2000, S. 71f.
[27] Dreikurs, R.: Soziale Gleichwertigkeit. Die Herausforderung unserer Zeit, Stuttgart, 1971, S. 46
[28] Dreikurs, R.: Soziale Gleichwertigkeit. Die Herausforderung unserer Zeit, Stuttgart, 1971, S. 29
[29] Vgl. Dreikurs, R.: Soziale Gleichwertigkeit. Die Herausforderung unserer Zeit, Stuttgart, 1971, S. 188
[30] Vgl. Dreikurs, R.: Soziale Gleichwertigkeit. Die Herausforderung unserer Zeit, Stuttgart, 1971, S. 193
[31] Vgl. Engelhardt, D.: unveröffentlichtes Skript, Psychohygiene, Individualpsychologie, 2001, S.13
[32] Petzold, H.: Wege zum Menschen – Methoden und Persönlichkeiten moderner Psychotherapie, Band 2, Junfermann Verlag, Paderborn, 1984, S. 387
[33] Berne, E.: Was sagen Sie, nachdem Sie „Guten Tag" gesagt haben?, München, 1975, S. 24
[34] Vgl. James, M. / Jongeward, D.: Spontan leben, Hamburg, 1974, S. 140
[35] Vgl. Harris, Th. A.: Ich bin OK, Du bist OK, Hamburg, 1973, S. 50f.
[36] James. M. / Jongeward, D.: Spontan leben, Hamburg, 1974, S. 159
[37] Vgl. Liedloff, J.: Auf der Suche nach dem verlorenen Glück, München, 1980, S. 42f.
[38] Vgl. Berne, E.: Spiele der Erwachsenen, Hamburg, 2001, S. 32f.
[39] Rautenberg, W./Rogoll, R.: Werde, der Du werden kannst, Herder, Freiburg im Breisgau, 1987, S. 155
[40] Berne, E.: Spiele der Erwachsenen, Hamburg, 2001, S. 44
[41] Berne, E.: Transactional Analysis in Psychotherapy, New York, 1961, S. 63
[42] Im amerikanischen Original „Strokes" genannt.
[43] Vgl. Kapitel 3.5, Das Kernziel der Transaktionsanalyse
[44] Dusay, J.: Egogramme und die „Hypothese von der Konstanz", in: Neues aus der TA, Januar 1978, S. 2-5
[45] Vgl. Dorsch, F.: Psychologisches Wörterbuch, Bern, Huber, 1976
[46] Der Behaviorist versucht den Organismus nach dem Vorbild einer Maschine zu verstehen, in die er nicht hineinsehen kann („black box"), und deren Funktionsweise folglich nur aus dem Input (Reiz) und dem Output (Reaktion) zu erschließen ist. Psychische Vorgänge werden somit in Reiz-Reaktions-Verbindungen aufgelöst und als Gesetzmäßigkeiten dokumentiert.
[47] Aldenhövel, H. G.: Grundlagen der Psychotherapie, Verlag Dietmar Klotz, Frankfurt a. M., 1990, S. 11
[48] Vgl.: Spada, H. (Hrsg.): Lehrbuch Allgemeine Psychologie, Bern, 1992, S. 327f.
[49] Estes, in Spada, H. (Hrsg.): Lehrbuch Allgemeine Psychologie, Bern, 1992, S. 345
[50] Vgl.: Schmidt-Atzert, L.: Lehrbuch der Emotionspsychologie, Stuttgart, Kohlhammer, 1996
[51] Vgl. Ellis, A.: Grundlagen und Methoden der Rational-Emotiven Verhaltenstherapie, Pfeiffer, München, 1997, S. 168f.
[52] Nach Wurzbacher; vgl. Gudjons, H., Winkel, R. (Hrsg.): Erziehungswissenschaftliche Theorien, Hamburg, Bergmann + Helbig, 1994, S. 132f.

[53] Ellis, A.: Grundlagen und Methoden der Rational-Emotiven Verhaltenstherapie, Pfeiffer, München, 1997, S. 133

[54] Vgl. Ellis, A.: Grundlagen und Methoden der Rational-Emotiven Verhaltenstherapie, Pfeiffer, München, 1997, S. 134f.

[55] Vgl. Lazarus, A., Fay, A.: Ich kann, wenn ich will, Klett-Cotta, Augsburg, 1977, S. 29f.

[56] Vgl. Hartmann, R. S.: The measurement of value, General Electric, Crontonville, NY, 1959, S.12f.

[57] Vgl. Ellis, A.: Grundlagen und Methoden der Rational-Emotiven Verhaltenstherapie, Pfeiffer, München, 1997, S. 151

[58] Epiktet (um 50- um 138): Handbüchlein der Moral

[59] Vgl. Ellis, A.: Grundlagen und Methoden der Rational-Emotiven Verhaltenstherapie, Pfeiffer, München, 1997, S. 25

[60] Vgl. Engelhardt, D.: unveröffentlichtes Skript „Psychohygiene", Regensburg, 1998

[61] Das Neuro-linguistische Programmieren (NLP) nutzt diesen Effekt, indem es Ziele und Wünsche mit positiven Vorstellungen und Bildern koppelt.

[62] Beispiele von Aussagen typischer Vertreter des Existentialismus: *„Der Mensch muss eine Wahrheit finden, die für ihn selbst wahr ist, bzw. jene Idee, für die er leben oder sterben kann."* (Kierkegaard, aus seinem Tagebuch). *„Jedes Individuum muss in einer `Umwertung aller Werte` selbst entscheiden, was als sittlich zu gelten habe."* (Friedrich Nietzsche: Zur Genealogie der Moral, 1887).

[63] Perls, F. S.: Gestalt Therapy verbatim, Utah 1969, S. 17

[64] Perls, F. S.: Gestalt, Wachstum, Integration, Paderborn, 1980, S. 235

[65] Perls, F. S.: Gestalt, Wachstum, Integration, Paderborn, 1980, S. 250

[66] Perls, F. S.: Gestalt Therapy verbatim, Utah 1969, S. 32

[67] Der Begriff „unfinished business" beschreibt in der GT unerledigte Situationen und offene, ungeklärte Sachverhalte.

[68] Rahm, D.: Gestaltberatung, Junfermann-Verlag, Paderborn, 1979, S. 162

[69] Vgl. Polster, Erving und Miriam: Gestalttherapie. Theorie und Praxis der integrativen Gestalttherapie, Fischer, Frankfurt am Main, 1983, S. 47

[70] 14 % der erwachsenen Bevölkerung in Deutschland betreiben einen riskanten, gesundheitsgefährdenden Alkoholkonsum.

[71] Modifiziert nach Engelhardt, D.: unveröffentlichtes Skript „Erfüllung und Sinn finden", Regensburg, 2000

[72] Vgl. Kapitel 2.3.1, Individualpsychologie/Imagefaktoren

[73] Vgl. Maslow, A. H.: Motivation und Persönlichkeit, Walter, Olten, 1977, S. 115

[74] Vgl. Maslow, A. H.: Motivation und Persönlichkeit, Walter, Olten, 1977, S. 74f.

[75] Maslow, A. H.: Psychologie des Seins, Kindler, München, 1973, S. 75

[76] Maslow, A. H.: Psychologie des Seins, Kindler, München, 1973, S. 75

[77] Maslow, A. H.: Motivation und Persönlichkeit, Walter, Olten, 1977, S. 89

[78] Vgl. 1.2.4, Abwehrmechanismen / Psychoanalyse

Selbstsorge, Selbstkompetenz, Sozialkompetenz

Gewidmet unseren geliebten Söhnen Felix, Thomas und Vincent